10대라면 반드시 알아야 할 사자성어

사자성어를 알면 어휘가 보인다

10대라면 반드시 알아야 할 사자성어

사자성어를 알면 어휘가 보인다

신성권 지음

   우리는 고사성어 공부를 통해, 일상에서 가장 많이 사용되는 기초 한자들을 익힐 수 있다. 그뿐만 아니라 고사성어에는 옛사람들이 깨달은 삶의 지혜가 담겨 있고, 고사성어의 유래와 뜻을 이해하면서 문해력까지 높일 수 있다. 그 효용이 적지 않은 만큼 지금도 꾸준히 청소년을 대상으로 고사성어 교육이 이루어지고 있는 것이다.

   필자는 이 책에, 상식적 차원에서 반드시 알아야 할 고사성어(故事成語)를 모두 담아내었다. '고사(故事)'란 유래가 있는 옛날의 일로 주로 역사적인 일을 가리키고, '성어(成語)'는 옛사람들이 만들어 낸 관용어를 가리킨다. 단어 길이는 두 자부터 길면 열두 자까지 다양하지만, 네 글자가 가장 많아 흔히 사자성어(四字成語)라 부르는 것이다. 고사성어와 사자성어를 분류하는 기준은 무엇인가? 단어 길이에 상관없이 그 성어가 고사에서 유래하였으면 고사성어이고, 그 성어가 고사에서 유래했는지 여부와 상관없이 한자 네 글자로 구성되어 있으면 사자성어이다.

   이 책에서 다루는 것들은 고사에서 유래한 네 글자의 성어이기 때문에, 고사성어인 동시에 사자성어라 할 수 있다(이후로는 사자성어라고 통칭하겠다).

이 책은 청소년을 주요 독자로 설정하고 있지만, 처음 입문하는 성인들이 부담 없이 공부하기에도 적합하다. 필자는 사자성어를 이루는 한자의 뜻과 음을 해당 사자성어가 유래된 고사와 함께 제시하여 그의미를 재미있게 기억할 수 있도록 했으며, 적절한 예문을 통해 사자성어를 일상에서 잘 활용할 수 있도록 했다.

부록에서는 더욱 다양한 사자성어를 다루어, 이 책 한 권으로 웬만한 사자성어는 모두 정복할 수 있도록 했다.

사자성어 공부를 통해, 지적 교양을 높이고, 더불어 삶의 지혜를 터득하길 바란다.

- 신성권 작가

차례

내우외환 內憂外患
노마지지 老馬之智
누란지위 累卵之危

ㄷ

다다익선 多多益善
단사표음 簞食瓢飮
단기지교 斷機之敎
대기만성 大器晚成
대의멸친 大義滅親
도청도설 道聽塗說
도탄지고 塗炭之苦
동병상련 同病相憐
득롱망촉 得隴望蜀

ㅁ

마부위침 磨斧爲針
마이동풍 馬耳東風
만사휴의 萬事休矣
맥수지탄 麥秀之嘆

명경지수 明鏡止水
명철보신 明哲保身
목불식정 目不識丁
무실역행 務實力行
문경지교 刎頸之交
문전성시 門前成市
미생지신 尾生之信

ㅂ

반구제기 反求諸己
발본색원 拔本塞源
방약무인 傍若無人
배수지진 背水之陣
백년하청 百年河淸
백절불요 百折不撓
부득요령 不得要領
부화뇌동 附和雷同
분서갱유 焚書坑儒
불치하문 不恥下問
비분강개 悲憤慷慨
비육지탄 髀肉之嘆

ㅅ

사면초가 四面楚歌
살신성인 殺身成仁
삼고초려 三顧草廬
삼인성호 三人成虎
상전벽해 桑田碧海
새옹지마 塞翁之馬
수구초심 首丘初心
수주대토 守株待兎
순망치한 脣亡齒寒
신출귀몰 神出鬼沒

ㅇ

안빈낙도 安貧樂道
암중모색 暗中摸索
양두구육 羊頭狗肉
어부지리 漁父之利
여도지죄 餘桃之罪
연목구어 緣木求魚
오리무중 五里霧中
오월동주 吳越同舟

옥상가옥 屋上架屋
온고지신 溫故知新
와신상담 臥薪嘗膽
용두사미 龍頭蛇尾
우공이산 愚公移山
일패도지 一敗塗地

ㅈ

전전반측 輾轉反側
전화위복 轉禍爲福
조삼모사 朝三暮四
좌고우면 左顧右眄
죽마고우 竹馬故友
지록위마 指鹿爲馬

ㅊ

창업수성 創業守成
천재일우 千載一遇
철부지급 轍鮒之急
청천벽력 靑天霹靂

청출어람 靑出於藍
촌철살인 寸鐵殺人
칠종칠금 七縱七擒

호가호위 狐假虎威
환골탈태 換骨奪胎
후생가외 後生可畏
후안무치 厚顔無恥

ㅋ, ㅌ

쾌도난마 快刀亂麻
타산지석 他山之石
태산북두 泰山北斗
토사구팽 兎死拘烹

부록

찾아보기

ㅍ

파죽지세 破竹之勢
포호빙하 暴虎馮河
풍수지탄 風樹之嘆

ㅎ

함흥차사 咸興差使
한단지보 邯鄲之步

형설지공 螢雪之功

송대의 문인 소동파(蘇東坡)가 항주, 양주 등 지방으로 유배를 가 있을 때, 우연히 절간에서 나이 삼십이 넘었다는 어여쁜 여승을 보고, 그녀의 아리따웠을 소녀시절을 생각해보며, 미인의 운수가 기박함을 읊은 시가 있다.

그가 빼어난 미모의 여승을 보며 상상해 지었다는 시는 다음과 같다.

두 뺨은 우유처럼 뽀얗고 머리는 옻칠한 듯하네.
눈빛은 주렴 너머로도 구슬처럼 또렷이 보이고
일부러 흰 비단으로 선녀의 옷을 만들었으나
붉은 연지는 타고난 바탕 더럽힐까 바르지 않네
오나라 사투리 귀엽고 부드러워 어린 티가 나고,
끝없는 인간의 걱정거리는 전혀 알지도 못하네.
예부터 미인은 운명이 기박한 사람 많다지만,
문 닫아걸고 봄이 다 가니 버들 꽃이 지는구나.

10

'가인(佳人)'은 미인뿐만 아니라 재능이 탁월한 사람을 의미하기도 하며, '박명(薄命)'이란 수명의 짧음만을 의미하는 것이 아니라, 무언가 순탄치 못한 것을 의미한다. 그래서 미인이나 뛰어난 사람은 불행해지기 쉽다는 것이 가인박명의 본뜻이다.

　미인박명의 대표적 사례는 양귀비다. 현종의 총애를 한 몸에 받던 그녀는 안녹산의 난 때 38세 나이로 처참한 죽음을 맞이했다.

佳人薄命

아름다운[佳] 사람[人]은 명[命]이 박함[薄]
미인이나 뛰어난 사람은 불행해지기 쉽다.

단어의 구성은

佳(가) : 아름다울 가, 8획, 부수 : 亻　　人(인) : 사람 인, 2획, 부수 : 人
薄(박) : 엷을 박, 17획, 부수 : 艹　　命(명) : 목숨 명, 8획, 부수 : 口

멋지게 한번 써볼까?

佳	人	薄	命

이럴때 이렇게 표현하기

"가인박명이라더니 대중의 사랑을 받던 여배우가 하루도
마음 편히 살지 못하다가 결국 비명에 죽고 말았군.
얼굴 예쁘고 재주 많다고 다 행복한 것은 아닌가 봐."

간담상조
肝膽相照

간담은 간과 쓸개로, 마음속 깊숙한 곳을 가리킨다. 간담을 서로 드러내 보인다는 뜻을 가진 간담상조는 그만큼 친분이 두텁다는 것을 비유적으로 표현하는 말이다. 당송팔대가(唐宋八大家, 중국 당송 시대의 뛰어난 문장가 8인) 중 당대의 두 명문대가에 한유(韓愈)와 유종원(柳宗元)이 있었다. 이들은 함께 고문 부흥 운동을 제창한 문우(文友)로서 세인으로부터 '한·유(韓·柳)'라 불릴 정도로 절친한 사이였다.

당나라 유종원이 유주 자사로 임명될 때 그의 친구 유몽득(劉夢得)도 파주 자사로 가게 되었다. 유종원이 그 사실을 알고 울먹이면서 "파주는 몹시 궁벽한 변방이라 결코 자네 같은 사람은 갈만한 곳이 안 되네. 더구나 자네는 어머니를 모시고 있는데 어찌 이 사실을 말씀드릴 수 있겠는가. 차라리 자네 대신 내가 파주로 가겠네."라고 말했다. 유종원은 이렇듯 친구들에게 따뜻한 인물이었으며, 그가 죽은 후 한유가 그 우정에 감동해 유종원의 진정한 우정을 찬양하고, 이어 경박한 사귐을 증오하여 유종원의 묘지명에 이렇게 글을 썼다고 한다.

"사람이란 곤경에 처했을 때라야 비로소 절의(節義)가 나타나는 법이다. 평소 평온하게 살아갈 때는 서로 그리워하고 기뻐하며 때로는

12

놀이나 술자리를 마련하여 부르곤 한다. 어디 그뿐인가. 서로 간과 쓸 개를 꺼내 보이며 해를 가리켜 눈물짓고 살든 죽든 서로 배신하지 말 자고 맹세한다. 말은 제법 그럴듯하지만 일단 털끝만큼이라도 이해관 계가 생기는 날에는 눈을 부릅뜨고 언제 봤느냐는 듯 안면을 바꾼다. 더욱이 함정에 빠져도 손을 뻗쳐 구해 주기는커녕 오히려 더 깊이 빠 뜨리고 위에서 돌까지 던지는 인간이 이 세상 곳곳에 널려 있는 것이 다."

肝膽相照

간[肝]과 쓸개[膽]를 서로[相] 비춤[照]
서로 마음을 터놓고 사귀는 절친 사이를 이르는 말.

단어의 구성은

肝(간) : 간 간, 7획, 부수 : 月 　　膽(담) : 쓸개 담, 17획, 부수 : 月
相(상) : 서로 상, 9획, 부수 : 目 　　照(조) : 비출 조, 13획, 부수 : 灬

멋지게 한번 써볼까?

肝	膽	相	照

이럴때 이렇게 표현하기

"간담상조하는 친구가 한 명만 있다면,
보통의 친구 열 명도 부럽지 않다."

개과천선
改過遷善

진(晉)나라 혜제(惠帝) 때 향흠 지방에 주처(周處)라는 사람이 살고 있었다. 그는 부친이 동오(東吳)의 파양(鄱陽) 태수를 지낼 무렵에는 성격이 원만했으나, 부모님 사후 혼자가 되자 성격이 거칠어졌다. 남달리 힘이 강했고, 무기를 다루는 방법에 뛰어났던 그는 어느 누구도 손을 댈 수 없는 불량배로 성장한 것이다. 그러던 어느 날 주처는 자신의 허물을 깨닫고 새사람이 되겠다는 다짐을 했다. 하지만 주처에게 괴롭힘을 받던 마을 사람들은 이를 믿지 않았다. 당시의 사람들이 늘 해로운 것으로 여기던 것이 세 가지 있었는데, 첫째는 근처 남산에 있는 사나운 호랑이요, 둘째는 다리 밑에 살고 있는 교룡(蛟龍), 셋째는 부랑아 주처였던 것이다.

주처는 자신이 이 모든 문제를 해결해야겠다고 다짐했다. 며칠 후 그는 남산에 올라가 호랑이를 없애고, 장교 아래로 뛰어들어 교룡과 사흘 밤낮을 싸웠다. 마을 사람들은 호랑이와 교룡, 그리고 주처가 함께 죽은 것으로 알고 환호성을 질렀다. 그러나 주처가 천신만고 끝에 살아나 그들 앞에 나타나자 마을 사람들은 다시 근심에 빠져 아무도 그를 반갑게 맞아주지 않았다.

실망한 주처는 마을을 떠났다. 여기저기를 떠돌다 주처는 학자 육기(陸機)를 만났다. 주처의 이야기를 들은 육기가 말했다. "진정 개과천선했다면 자네 앞날은 밝을 것이네." 주처는 이 말을 듣고 마음을 가다듬어 열심히 학문에 정진했고, 결국 대학자가 되었다.

알고서도 고치지 않는 잘못은 두 배, 세 배로 켜져 갈 뿐이지만, 뉘우치고 돌아서면 허물은 고쳐지기 마련이다. 뉘우치는 데 너무 늦은 시간이란 없다.

改過遷善
잘못[過]을 고쳐[改] 선[善]으로 옮겨[遷]가다.
지난날의 잘못을 뉘우치고 고쳐 착하게 됨을 이르는 말.

단어의 구성은

改(개) : 고칠 개, 7획, 부수 : 攵   過(과) : 지날 과, 13획, 부수 : 辶
遷(천) : 옮길 천, 15획, 부수 : 辶   善(선) : 착할 선, 12획, 부수 : 口

멋지게 한번 써볼까?

改	過	遷	善

이럴때 이렇게 표현하기

"그는 예전에 악독한 범죄를 저지른 사람이었는데
지금은 봉사 활동을 하며 개과천선의 길을 걷고 있다."

승패와 흥망을 걸고 마지막으로 결행하는 단판 승부를 말한다.

초나라 항우(劉邦)와 한나라 유방(劉邦)은 대군을 거느리고 대치하고 있었다. 항우와 유방은 승부가 쉽게 날 것 같지 않아 휴전하고자 했다. 그러나 유방의 참모였던 장량(張良)과 진평(陳平)은 유방에게 다음과 같이 진언했다.

"후환을 남기지 않고 초나라를 멸망시킬 때는 바로 이때이며, 지금 기회를 놓치면 큰 피해를 보게 될 것입니다."

심사숙고한 유방은 마지막 승부수를 띄울 것을 결심하고 항우의 뒤를 추격했다. 결국, 다음 해에 초나라 군사는 해하 전투에서 패하고 유방은 승리했다. 항우는 오강으로 달아나 그곳에서 자결했고, 이로써 유방은 중국의 두 번째 통일 국가인 한나라 황제가 된다.

당나라의 시인 한유(韓愈)는 이때의 싸움을 '천하를 건 도박'으로 표현하며 『과홍구(過鴻溝)』라는 고시를 썼다.

"용은 지치고 범은 곤하여 천원(川原)을 나누니

천하의 백성이 목숨을 보전하였네.

누가 군왕으로 하여금 말머리를 돌리게 하여

하늘과 땅을 건 도박을 벌였는가?"

乾坤一擲

하늘[乾]과 땅[坤]을 두고 한번[一] 던지다[擲]

주사위를 한 번 던져 승패를 건다는 뜻으로, 운명을 걸고 온 힘을 기울여 겨루는 마지막 한판 승부를 이르는 말.

단어의 구성은

乾(건) : 하늘 건, 11획, 부수 : 乙   坤(곤) : 땅 곤, 8획, 부수 : 土

一(일) : 한 일, 1획, 부수 : 一   擲(척) : 던질 척, 18획, 부수 : 扌

멋지게 한번 써볼까?

乾	坤	一	擲

이럴때 이렇게 표현하기

"한국과 일본의 국가대표팀 경기를 보면 마치 '건곤일척'의 대결을 보는 것 같다. 두 팀의 선수들은 물론, 응원하는 양국의 국민들도 사력을 다한다."

격물치지

格物致知

격물(格物)·치지(致知)·성의(誠意)·정심(正心)·수신(修身)·제가(齊家)·치국(治國)·평천하(平天下)의 8조목으로 된 내용 중, 처음 두 조목을 가리키는데, 이 말은 본래의 뜻이 밝혀지지 않아 후세에 그 해석을 놓고 여러 학파(學派)가 생겨났다. 그중에서 대표적인 것이 주자학파와 양명학파이다.

주자(朱子)는 '격물'에 대해 이렇게 말한다.

"세상 만물은 나름의 이치를 가지고 있다. 그 이치를 하나씩 추구해 들어가면 마침내 세상 만물의 표리와 정조를 밝혀 낼 수 있다. '격(格)'이라는 것은 도달한다는 것이니, '격물'은 사물에 도달한다는 의미다."

주자는 '치지'에 대해 다음과 같이 덧붙인다.

"이것은 만물이 지닌 이치를 추구하는 궁리와 같은 의미다. 세상 사물에 이르고 그 이치의 추궁으로부터 지식을 쌓아 올려 앎[知]을 지극히 한다[致]는 것이다.

18

반면, 왕양명(王陽明)은 참다운 앎인 양지(良知)를 얻기 위해서는 사람의 마음을 어둡게 하는 물욕(物欲)을 물리쳐야 한다고 주장하여, '격(格)'을 물리친다는 뜻으로 풀이했고, 심즉리설(心卽理說)을 확립하였다.

주자의 격물치지가 이치와 지식을 강조한 것임에 반해 왕양명은 도덕과 실천을 중시한 것이라 할 수 있다. 이에 따라 오늘날에는 주자학을 이학(理學)이라 하고, 양명학을 심학(心學)이라고도 한다.

格物致知

사물[物]에 나아가[格] 앎[知]을 지극히 하다[致]
모든 사물의 이치를 끝까지 파고들어 앎에 이르다.

단어의 구성은

格(격) : 바로잡을 격, 10획, 부수 : 木   物(물) : 만물 물, 8획, 부수 : 牛

致(치) : 이룰 치, 10획, 부수 : 至   知(지) : 알 지, 8획, 부수 : 矢

멋지게 한번 써볼까?

格	物	致	知

이럴때 이렇게 표현하기

"무슨 일이든 일을 할 때는 공부를 하는 것처럼 원리와 이치를 하나하나
따져 가며 '격물치지'를 해야 실패를 면하거나 줄일 수가 있다."

결초보은
結草報恩

한번 은혜를 입으면 죽은 뒤에라도 은혜를 잊지 않고 갚음을 의미한다. 춘추시대에 진(晉)나라의 위무자(魏武子)에게는 젊은 첩이 있었는데 그가 병에 걸려 드러눕자 본처의 아들인 위과(魏顆)를 불러 당부했다.

"첩이 아직 젊으니 만약 내가 죽거든 다른 곳으로 시집보내거라."

그러나 날이 갈수록 병이 깊어지자 위무자의 유언이 바뀌었다. 자신이 죽으면 첩을 자신과 같이 묻어달라고 유언을 번복한 것이다. 그러나 위무자가 죽은 뒤 태자는 첩을 다시 시집보내 죽음을 면하게 했다. 정신이 혼미했을 때의 유언은 소용이 없다고 판단한 것이었다. 그후 태자 위과는 전쟁에 나갔고 진(秦)의 두회(杜回)와 싸우다가 쫓겨 위태로운 상황이 되었다. 그런데 홀연이 어떤 노인이 나타나더니 풀을 묶어 두회가 탄 말을 넘어지게 했고, 위과는 그를 사로잡아 전공을 세웠다.

그날 밤 위과의 꿈에 풀을 묶던 백발노인이 공손히 절하며 나타나 말을 했다.

"나는 첩의 아비가 되는 사람이오. 내 딸을 살려주어 그 은혜를 갚고자 두회의 발 앞의 풀을 엮어 넘어지게 하였소이다."

'풀을 묶어 은혜를 갚았다'는 뜻의 결초보은은 이 이야기에서 유래했다. '뼈에 새겨 잊지 않는다'는 뜻의 각골난망(刻骨難忘)도 이와 유사한 의미다.

結草報恩
풀[草]을 묶어[結] 은혜[恩]에 보답한다[報]
죽은 뒤에라도 은혜를 잊지 않고 갚음을 이르는 말.

단어의 구성은

結(결) : 맺을 결, 12획, 부수 : 糸　　草(초) : 풀 초, 10획, 부수 : 艹

報(보) : 갚을 보, 12획, 부수 : 土　　恩(은) : 은혜 은, 10획, 부수 : 心

멋지게 한번 써볼까?

結	草	報	恩

이럴때 이렇게 표현하기

"선생님!
이 은혜는 꼭 잊지 않고 있다가 언젠가 반드시 '결초보은'하겠습니다."

한나라 무제(武帝) 때 음악을 관장하는 벼슬에 이연년(李延年) 이라는 사람이 있었다. 그는 노래와 작곡에 뛰어난 재능이 있었는데 어느 날 궁중 악사들이 모인 자리에서 곡조에 맞춰 노래를 불렀다.

북쪽에 아름다운 여인이 있어 세상을 벗어나 홀로 서 있네.
한번 돌아보면 성이 기울고 두 번 돌아보면 나라를 위태롭게 하네.
어찌 성이 기울고 나라가 위태로워지는 것을 모르겠는가.
아름다운 여인은 두 번 다시 얻기 어렵다네.

성을 잃고 나라가 기우는 것은 큰일이지만 장부로서 미인을 얻는 것이라면 그만한 일쯤은 각오해야 한다는 내용이었다.

노래를 들은 무제는 여인이 누구인지 궁금해 하였고 이연년은 자신의 누이라고 말한다. 무제는 이 여인을 불러들이게 하였고 그녀의 아름다운 모습과 춤추는 솜씨에 매료되었다. 이 여인이 바로 무제의 총애를 한 몸에 받은 이부인이다.

황제의 사랑을 얻은 이부인은 아들을 낳았다. 그러나 워낙 허약한 탓에 아들을 낳은 후 산후 조리가 잘못되어 목숨을 잃었다. 황제는 장안 근교에 무덤을 만들어 영릉(英陵)이라 하였다.

傾國之色

나라[國]를 기울게[傾] 하는 미색[色]

임금이 미혹되어 나라가 위기에 빠져도 모를 정도로 아름다운 여자를 이르는 말.

단어의 구성은

傾(경) : 기울 경, 13획, 부수 : 亻   國(국) : 나라 국, 11획, 부수 : 囗

之(지) : 갈 지, 4획, 부수 : 丿   色(색) : 빛 색, 6획, 부수 : 色

멋지게 한번 써볼까?

傾	國	之	色

이럴때 이렇게 표현하기

"그녀는 가히 경국지색이라 할 만한 미모와 학식을 가지고 있었다."

계구우후
鷄口牛後

소진(蘇秦)과 장의(張儀)는 귀곡자(鬼谷子)의 제자다. 그들은 천하의 재사가 되기 위해 귀곡에서 수학하였으며, 둘 다 자신의 재주를 사줄 군주를 만나려고 천하를 떠돌았다. 장의는 열국들이 싸우지 말고 강대국 진을 섬겨 화평하게 지내야 함을 주장했으나 소진은 열국들이 힘을 합해 진나라에 대항할 것을 강조했다.

"한(韓)나라는 토지가 비옥하고 성곽은 견고합니다. 군인들은 용맹하고 좋은 무기를 가졌습니다. 또한, 대왕이 현명하다는 것은 천하가 다 아는데 어찌 진나라를 섬겨 천하의 웃음거리가 되고자 하십니까. 진나라가 요구하는 것을 준다면, 내년에는 훨씬 더 많은 것을 그들이 요구해 올 것입니다. 그때 가서 거절한다면 아마 한나라의 영토는 저들 손에 들어가게 될 것입니다. 속담에 이르기를 '닭의 머리가 될지언정 소의 꼬리가 되지 말라'고 했습니다. 대왕께서 진나라를 섬기는 것은 스스로 소의 꼬리가 되는 것이기에 부끄러운 일입니다."

'계구우후'라는 고사는 소진이 한나라로 들어가 선혜왕(宣惠王)을 만나서 한 말이다.

鷄口牛後

닭[鷄]의 머리[口]와 소[牛]의 꼬리[後]
큰 집단의 꼴찌보다 작은 집단의 우두머리가 더 낫
다는 것을 비유하여 이르는 말.

단어의 구성은

鷄(계) : 닭 계, 21획, 부수 : 鳥 　　口(구) : 입 구, 3획, 부수 : 口
牛(우) : 소 우, 4획, 부수 : 牛 　　後(후) : 뒤 후, 9획, 부수 : 彳

멋지게 한번 써볼까?

鷄	口	牛	後

이럴때 이렇게 표현하기

"'계구우후'라고 대기업의 말단 간부로 온갖 궂은일을 뒤치다꺼리하는 것보다,
규모가 작지만, 중소기업 사장으로 가서
자네가 이루고 싶은 꿈을 이루는 것이 더 현명할 것이라고 생각해."

춘추전국 시대에 관중(管仲)과 포숙아(鮑叔牙)가 있었는데 이들은 둘도 없이 친한 사이였다. 이들의 우정은 두보(杜甫)의 『빈교행(貧交行)』이라는 시에 잘 나타나 있다.

손바닥을 뒤집으면 구름이 되고 손을 엎으면 비가 되는 것처럼
사소한 원인으로 날씨는 금방 변한다. 세상 인심도 이와 같아서
경솔한 행동과 박절한 마음을 일일이 셀 수 있으리
그러나 옛날에는 그렇지 않았으니 그대들은 보지 못하였는가,
관중과 포숙아가 빈곤했을 때의 사귐을
그러나 지금의 친구들은 진정한 우정의 도를 흙 버리듯 하네.

관중과 포숙아가 함께 장사하던 시절 관중이 이익금을 더 많이 가졌지만 포숙아는 그가 탐욕스러운 것이 아니라 가난하기 때문이라고 말했다. 관중이 세 번 벼슬길에 나가 모두 군주에게 쫓겨났을 때 포숙아는 그가 못난 것이 아니라 때를 만나지 못했기 때문이라 말했다. 관중이 세 번 전쟁터에 나가 모두 도망쳤을 때 포숙아는 그가 겁쟁이라

서가 아니라 늙으신 어머니 때문임을 알아주었다. 이에 관중은 죽기 전에 이렇게 말했다. "나를 낳아준 이는 부모지만 나를 진정으로 알아준 이는 포숙아다."

이렇듯 관중과 포숙아의 변함없는 우정을 바로 '관포지교'라 한다.

管鮑之交

관중[管]과 포숙아[鮑]의 사귐[交]
아주 친한 친구 사이의 사귐.

단어의 구성은

管(관) : 대롱 관, 14획, 부수 : 竹   鮑(포) : 절인 물고기 포, 16획, 부수 : 魚
之(지) : 갈 지, 4획, 부수 : 丿   交(교) : 사귈 교, 6획, 부수 : 亠

멋지게 한번 써볼까?

管	鮑	之	交

이럴때 이렇게 표현하기

"꼭 '관포지교'나 '문경지교' 만큼은 안 되더라도
그는 나에게 있어서 마음을 비춰 볼 수 있는 거의 유일한 친구이다."

괄목상대
刮目相對

삼국이 세 발 달린 솥처럼 대치하고 있을 때, 오나라 손권의 부하 중에 여몽(呂蒙)이라는 장수가 있었다. 그는 일개 사졸에서 장군의 자리에까지 오른 인물이었으나, 무식하기가 이를 데 없었다. 손권은 그를 보기만 하면 책을 읽고 이론에 충실하도록 여러 방면으로 충고했다. 얼마의 시간이 지난 뒤 뛰어난 학문을 지닌 노숙(魯肅)이 여몽을 찾아갔다.

"노숙, 자네가 어쩐 일인가?"
"자네와 급히 의논할 일이 있어 왔네."
"어서 들어오게."

노숙은 자신이 온 목적을 얘기했다. 그 와중에 노숙은 깜짝 놀랐다. 여몽과 막역하게 지내온 터였지만, 이렇듯 학문이 깊어지고 박식해진 것은 처음 보았기 때문이다. 헤어지는 자리에서 여몽은 말했다.

"서로가 헤어진 지 사흘이 지나면 눈을 비비고 다시 볼 정도로 달라

28

져 있어야 하는 법이라네."

　이것은 본인의 학력이나 지위 따위의 문제가 아니다. 스스로의 수양을 게을리 해서는 안 된다는 의미이다.

刮目相對

눈[目]을 비비고[刮] 상대를[相] 마주함[對]
상대의 학식이나 재주가 놀랄 만큼 향상된 것을 이르는 말.

단어의 구성은

刮(괄) : 꺾을 괄, 8획, 부수 : 刂　　目(목) : 눈 목, 5획, 부수 : 目

相(상) : 서로 상, 9획, 부수 : 目　　對(대) : 대할 대, 14획, 부수 : 寸

멋지게 한번 써볼까?

刮	目	相	對

이럴때 이렇게 표현하기

"향미는 피나는 노력의 결과로
피아노 연주 실력이 '괄목상대'할 만큼 향상되었다."

교언영색

巧言令色

『논어(論語)』에서 공자는 "교묘한 말과 아첨하는 얼굴을 하는 사람 가운데 어진 이가 드물다."라고 말했다. 상대를 즐겁게 하는 얼굴이나 말에는 반드시 좋지 못한 뜻이 숨어 있다는 것이다. 공자는 교묘한 말을 지껄이며 부드럽게 얼굴색을 바꾸는 자를 소인배로 여겼다.

그런가 하면 '공야장편(公冶長篇)'에서는 "낯빛을 부드럽게 하는 것은 공자 자신도 부끄럽게 여긴다."라고 했다. 공자 자신도 수치로 여긴다는 뜻이다.

또한 공자는 '좌구명(左丘明)이 수치를 안다'고 말했다. 좌구명은 『춘추좌씨전(春秋左氏傳)』을 쓴 것으로 알려진 인물인데, 공자는 좌구명을 거론하면서까지 입에 발린 말 '교언'과 잘 꾸민 낯빛 '영색'이 최고의 처세가 되는 세상은 곧 망할 세상이라고 설명하였다.

巧言令色

．
．
．

巧言令色

교묘한[巧] 말[嗎]과 아름다운[令] 얼굴빛[色]
남에게 잘 보이려고 그럴듯하게 꾸며대는 말과 알
랑거리는 태도를 이르는 말.

단어의 구성은

巧(교) : 교묘할 교, 5획, 부수 : 工   言(언) : 말씀 언, 7획, 부수 : 言

令(영) : 하여금 영, 5획 부수 : 人   色(색) : 빛 색, 6획, 부수 : 色

멋지게 한번 써볼까?

巧	言	令	色

이럴때 이렇게 표현하기

"자기 자신의 이익을 위해서
교언영색을 마다하지 않는 사람들을 보면 욕이 저절로 나온다."

교각살우

矯角殺牛

　작은 흠을 바로 잡으려다 도리어 일을 그르치거나 큰 손해를 보게 된다는 것을 비유한 말이다.

　비슷한 말로는 교왕과직(矯枉過直), 즉 굽은 것을 바로잡으려다가 지나치게 곧게 하여 오히려 나쁘게 된다는 말, 소탐대실(小貪大失), 즉 작은 것을 탐하다가 큰 손실을 본다는 말이 있다. 또한, 우리 속담 "빈대 잡으려다 초가삼간(草家三間) 다 태운다."라는 말과도 통한다.

　종을 만들 때 뿔이 곧게 나 있고 잘생긴 소의 피를 종에 바르고 제사를 지내는 중국의 오래된 풍습이 있었다. 한 농부가 제사에 쓸 소를 길렀는데, 소의 뿔이 조금 삐뚤어진 걸 발견했다. 농부는 뿔을 바로잡으려고 뿔을 팽팽하게 동여매었다. 그러자 얼마 지나지 않아 뿔이 뿌리째 빠져서 소가 죽고 말았다. '교각살우'는 이 이야기에서 유래했다. 작은 결점을 고치려다가 수단이 지나쳐서 오히려 큰 손해를 입는 경우를 가리킬 때 쓸 수 있는 말이다.

矯角殺牛

∶
∶
∶

矯角殺牛

소의 뿔[角]을 바로잡으려다가[矯] 소[牛]를 죽임[殺]
결점이나 흠을 고치려다가 그 정도가 지나쳐
오히려 일을 그르치는 것을 비유적으로 이르는 말.

단어의 구성은

矯(교) : 바로잡을 교, 17획, 부수 : 矢   角(각) : 뿔 각, 7획, 부수 : 角

殺(살) : 죽일 살, 11획, 부수 : 殳   牛(우) : 소 우, 4획, 부수 : 牛

멋지게 한번 써볼까?

矯	角	殺	牛

이럴때 이렇게 표현하기

"원칙도 중요하지만, 교각살우는 피해야 한다."

조(趙)나라의 장수인 조사(趙奢)에게는 조괄(趙括)이라는 아들이 있었다. 조괄은 어려서부터 병법을 배웠으며, 스스로 병법에서는 자기가 제일이라고 생각했다. 조사는 어느 날 아들과 군사 일을 논한 뒤에 부인에게 말했다.

"싸움이란 목숨을 거는 일인데, 괄은 너무 쉽게 생각하고 있소. 나라에서 괄을 장수로 삼는다고 하면 적극 말려서 괄이 장수가 되지 못하게 해야 하오."

효성왕(孝成王)이 왕위에 오른 뒤 진(秦)나라가 조나라를 침범했다. 조나라는 백전노장인 염파(廉頗)를 보내 진나라 군대를 대적하게 했다. 이에 진나라는 조나라에 첩자를 보내 헛소문을 퍼뜨리게 했다.

"진나라가 무서워하는 것은 오직 조괄 뿐이다."

이 소문을 들은 효성왕은 염파 대신 조괄을 임명하였다.

조괄의 어머니는 남편이 남긴 말을 왕에게 전했지만, 왕은 듣지 않았다.

그러자 인상여(藺相如)가 말했다.

"왕께서는 명성만 듣고 조괄을 등용하려 하시지만, 그것은 거문고의 기둥을 아교로 붙여 놓고 거문고를 타는 것과 같습니다. 조괄은 병법서는 모두 읽었지만, 상황에 따라 대응하는 임기응변이 없어 아주 위험합니다."

그러나 효성왕은 조괄을 장군으로 임명하여 염파 대신 싸우게 했다. 결국, 조괄은 싸움터에서 전사하고 40만 명의 조나라 군사가 진나라의 포로가 되어 목숨을 잃는 비극이 일어났다.

膠柱鼓瑟

거문고의 줄을 괴는 기러기발[柱]을 올렸다 내렸다 할 수 없도록 아교로 붙이고[膠] 거문고[瑟]를 연주함 - 고지식하여 조금도 융통성이 없음을 비유적으로 이르는 말

단어의 구성은

膠(교) : 갖풀 교, 5획, 부수 : 月　　柱(주) : 기둥 주, 9획, 부수 : 木
鼓(고) : 북 고, 13획, 부수 : 鼓　　瑟(슬) : 큰 거문고 슬, 13획, 부수 : 王

멋지게 한번 써볼까?

膠	柱	鼓	瑟

이럴때 이렇게 표현하기

"자네는 교주고슬하며 세상을 사는 것보다는 적당히 타협도 하고,
융통성 있게 사는 것을 배우는 것이 좋을 듯하네."

구밀복검

口蜜腹劍

당나라 6대 임금인 현종(玄宗)은 정치를 매우 잘하여 '개원(開元)의 치(治)'라고 일컬을 정도로 추앙받았다. 그러나 그러던 그도 황후가 죽은 뒤에는 양귀비에 빠져 정치에 싫증을 내고 사치와 방탕으로 세월을 보냈다. 어진 재상 장구령(張九齡)을 내쫓고 아첨배 이임보(李林甫)에게 나랏일을 모두 맡겼다. 이임보는 황제를 모시는 자신을 두고 수군거리거나 자신의 권위에 도전하는 신하가 나타나면 가차 없이 제거하였다.

"폐하는 고금에 둘도 없는 명군이시오. 어찌 신하된 자가 이러쿵저러쿵 말을 하는가. 누구나 가만있으면 탈이 없소이다만, 함부로 처신을 하면 목숨을 잃을 것이오."

이렇듯 자신의 권위에 도전하는 신하들은 모두 조정에서 쫓겨났고 그럴수록 이임보는 더욱 간교하게 조정 대신들을 죽이거나 귀양 보냈다. 특히 조정에서 쫓겨난 신하들은 모두 이임보를 두려워하며 다음과 같이 말했다고 한다.

"이임보는 입으로는 꿀 같은 말을 하지만 뱃속에는 무서운 칼이 들어 있어 위험한 인물이야."

이후 그가 죽고 나서 죄상이 밝혀짐에 따라 부관참시에 처해졌다.

口蜜腹劍

입[口]에는 꿀[蜜]이 있고 뱃속[腹]에는 칼[劍]을 품고 있음 - 말로는 친한 척하나 속으로는 미워하거나 해칠 생각이 있음을 비유적으로 이르는 말.

단어의 구성은

口(구) : 입 구, 3획, 부수 : 口   蜜(밀) : 꿀 밀, 14획, 부수 : 虫
腹(복) : 배 복, 13획, 부수 : 月   劍(검) : 칼 검, 15획, 부수 : 刂

멋지게 한번 써볼까?

口	蜜	腹	劍

이럴때 이렇게 표현하기

"그 친구는 너에게 좋은 말과 행동으로 다가가지만,
혹시 구밀복검일지도 모르니 조심해야 한다."

구우일모
九牛一毛

한나라 7대 황제인 무제(武帝) 때 5,000의 보병을 이끌고 흉노(匈奴)를 정벌하러 나갔던 이릉(李陵) 장군은 열 배가 넘는 적의 기병을 맞아 10여 일간 잘 싸웠으나 결국 패하고 말았다. 그런데 이듬해 놀라운 사실이 밝혀졌다. 전쟁 중에 전사한 줄 알았던 이릉이 흉노에게 투항하여 후한 대접을 받고 있다는 것이었다. 이를 안 무제는 크게 노하여 이릉의 가족을 참형에 처하라고 엄명했다. 그러나 중신을 비롯한 이릉의 동료들은 무제의 안색만 살필 뿐 누구 하나 이릉을 위해 변호하는 사람이 없었다.

분개한 사마천(司馬遷)은 그를 변호하고 나섰다. "황공하오나 이릉은 소수의 보병으로 오랑캐의 수만 기병과 싸워 그 괴수를 경악케 하였으나 원군은 오지 않고 아군 속에 배반자까지 나오는 통에 어쩔 수 없이 패전한 것이옵니다. 그가 흉노에게 투항한 것도 필시 훗날 황제의 은혜에 보답할 기회를 얻기 위한 고육책(苦肉策, 어려움에서 벗어나기 위해 어쩔 수 없이 꾸며낸 계책)으로 사료되오니, 폐하께서 이릉의 무공을 천하에 공표하시옵소서."

그러나 무제는 진노하여 사마천을 투옥한 후 궁형(宮刑, 거세)에 처했다.

백성들은 이를 '이릉의 화'라고 말했으며, 사마천은 이때의 심정을 친구에게 보내는 편지에 '최하급의 치욕'이라 적고, 이렇게 썼다.

"내가 법에 따라 사형을 받는다고 해도 그것은 한낱 '아홉 마리의 소 중에서 털 한 가닥 없어지는 것'과 같을 뿐이니, 나와 같은 존재는 땅강아지나 개미 같은 미물과 무엇이 다르겠나? 그리고 세상 사람들 또한 내가 죽는다 해도 절개를 위해 죽는다고 생각하기는커녕 나쁜 말 하다가 큰 죄를 지어서 어리석게 죽었다고 여길 것이네."

사마천은 중국 최초의 역사서인 『사기(史記)』를 완성한 인물이다.

九牛一毛

아홉[九] 마리 소[牛] 가운데 한[一] 가닥 털[毛]
아주 많은 것 가운데 극히 적은 부분을 이르는 말.

단어의 구성은

九(구) : 아홉 구, 2획, 부수 : 乙   牛(우) : 소 우, 4획, 부수 : 牛
一(일) : 한 일, 1획, 부수 : 一   毛(모) : 털 모, 4획, 부수 : 毛

멋지게 한번 써볼까?

九	牛	一	毛

이럴때 이렇게 표현하기

"인구가 많은 나라에서는 한 사람쯤 죽는 것은 '구우일모'라 말할 수 있다.
흔히들 그런 나라에서는 사람의 인권을
그다지 중시하지 않을 것으로 잘못 생각할 수도 있다."

구상유취
口尙乳臭

『초한지(楚漢志)』에 이런 이야기가 나온다. 한신(韓信)은 한 고조 유방(劉邦)의 명을 받고 위나라를 치기 위해 적진으로 떠났다. 그런데 한신이 떠난 자리에서 유방은 깜박 잊은 듯 신하에게 물었다.

"위나라 군대의 장수가 누군가?"

"백직(栢直)입니다."

"백직? 참으로 젖비린내 나는 놈이로구만. 그자가 어찌 한신을 당하겠는가."

구상유취는 이 말에서 유래했다.

이 말을 사용한 방랑 시인 김삿갓의 재미있는 일화가 있다. 김삿갓이 길을 가는데 선비들이 개를 잡아놓고 술자리를 벌이고 있었다. 술 마시는 데 둘째가라면 서러워할 김삿갓은 말석에 앉아 분위기를 살폈다. 그러나 어느 누구도 그를 눈여겨보지 않았다. 김삿갓은 슬그머니 일어나며 말했다.

"구상유취로세!"

그러자 선비들은 발끈하여 금방이라도 김삿갓을 패대기칠 기세였다.

이를 보고 김삿갓은 이렇게 말했다.

"나는 단지 개 초상에 선비들이 모여 있다고 했을 뿐이오(=狗 : 개 구,

喪 : 상당할 상, 儒 : 선비 유, 聚 : 모일 취)."

그 말에 모두들 웃고 말았다고 한다.

口尙乳臭

입[口]에서 아직[尙] 젖[乳] 냄새[臭]가 남
말이나 행동이 유치한 사람을 비유적으로 이르는 말.

단어의 구성은

口(구) : 입 구, 3획, 부수 : 口   尙(상) : 오히려 상, 8획, 부수 : 小

乳(유) : 젖 유, 8획, 부수 : 乙   臭(취) : 냄새 취, 10획, 부수 : 自

멋지게 한번 써볼까?

口	尙	乳	臭

이럴때 이렇게 표현하기

"성희는 마치 모든 것을 다 아는 것처럼
큰소리치고 다니지만 사실은 구상유취일 뿐이다."

군계일학

群鷄一鶴

중국 위진남북조시대 때 죽림칠현의 한 사람인 혜강(嵇康)이라는 인물이 있었다. 그는 세상이 싫어 산속에서 지내며 살았는데 그런 태도가 사람들의 미움을 샀고, 결국은 그들에게 죽임을 당했다. 그에게는 혜소(嵇紹)라는 아들이 있었다. 혜소는 아비를 여러모로 쏙 빼닮으며 자랐다. 혜강의 옛 친구인 산도(山濤)는 혜소를 진나라 무제 사마염에게 추천했다.

"폐하, 『서경(書經)』에 이르기를 아비의 죄는 아들에게 미치지 않는다 했습니다. 혜소가 죄인(혜강)의 아들이나 지혜가 출중하오니 부디 비서랑(秘書郞)의 벼슬을 내려주시옵소서."

사마염(司馬炎)은 비서로 추천한 혜소를 더 높은 벼슬인 비서승(秘書丞)에 앉혔다. 그렇게 임명이 되고 며칠 후 그를 지켜보던 어떤 사람이 죽림칠현의 한 사람인 왕융(王戎)에게 넌지시 말을 걸었다.

"며칠 전에 혼잡한 군중 속에서 혜소를 보았습니다. 그의 높은 기개

42

와 혈기가 마치 학이 닭 무리에 있는 듯합니다."

'군계일학'은 혜소를 두고 한 이 말에서 유래한 것이다.

群鷄一鶴
여러[群] 닭[鷄] 가운데 한 마리[一]의 학[鶴]
많은 사람 가운데 가장 뛰어난 인물을 이르는 말.

단어의 구성은

群(군) : 무리 군, 13획, 부수 : 羊   鷄(계) : 닭 계, 21획, 부수 : 鳥

一(일) : 한 일, 1획, 부수 : 一   鶴(학) : 학 학, 21획, 부수 : 鳥

멋지게 한번 써볼까?

群	鷄	一	鶴

이럴때 이렇게 표현하기

"잘생긴 인물에 공부도 잘하고 운동도 잘하는 영훈이는
친구들 사이에서 단연 군계일학이었다."

각주구검
刻舟求劍

춘추전국시대 초나라의 한 젊은 무사가 양자강을 건너려고 나룻배를 탔다. 배를 타고 강의 중반쯤 갔을까? 무사는 실수로 그만 자신이 가장 아끼는 보검을 강물에 빠트리고 말았다. 그런데 강물에 가라앉는 보검을 보며 당황하는 것 같던 무사는 이내 태연함을 되찾고 단검을 뽑아 자기가 앉은 뱃전에 표시를 하는 것이 아닌가?

이를 본 뱃사공은 의아하게 생각하며 물었다.

"보검이 물에 빠졌는데 지금 무엇 하시는 겁니까?"

무사는 "보검을 빠트린 곳을 잊어버릴까봐 표시를 해두는 것이오."라고 말했다. 배가 반대편 무렵에 다다르자 무사는 자신의 표시해 놓은 자리의 물속으로 잠수해 보검을 찾기 시작했으나 헛수고였다.

刻舟求劍

.
.
.

| 刻舟求劍 | 배[舟]에 새겨[刻] 잃어버린 검[劍]을 구함[求]
세상의 변천도 모르고 낡은 것만 고집하는 미련하고 어리석은 태도를 비유적으로 이르는 말. |

단어의 구성은

刻(각) : 새길 각, 8획, 부수 : 刂　　舟(주) : 배 주, 6획, 부수 : 舟

求(구) : 구할 구, 7획, 부수 : 氺　　劍(검) : 칼 검, 15획, 부수 : 刂

멋지게 한번 써볼까?

| 刻 | 舟 | 求 | 劍 |

이럴때 이렇게 표현하기

"다른 회사들은 불황을 타개하기 위해 대대적인 구조 조정을 하는 등
많은 노력을 기울이는데, 우리는 위기도 느끼지 못하고 여전히 낡은 경영 방식을
고집하다니. 각주구검이 따로 없네."

권토중래
捲土重來

항우(項羽)와 유방(劉邦)의 초한 전쟁 때 항우는 강동 지역의 8천 자제(子弟)를 거느리고 천하를 호령하며 8년간 승승장구했다. 그러나 전쟁의 마지막을 장식한 구리산변의 싸움에서 유방은 초나라 군대의 사면을 겹겹으로 포위한 채 곳곳에서 초나라 노래를 부르며 매복병을 두었다. 항우의 신하들은 강동 지방으로 들어가 훗날을 도모하자고 조언했지만 항우는 이를 듣지 않고 결국 오강에서 자결하고 말았다. 영웅으로 살아온 그는 작은 고을로 숨어들어가는 수치를 견디지 못한 것이다.

이를 두고 천년 뒤에 시인 두목(杜牧)은 『제오강정(題烏江亭)』이라는 시를 지었다.

승패란 병가에서 기약할 수 없는 일,
부끄러움을 참을 줄 아는 것이 사나이라네.
강동의 젊은이 중에는 인물도 많은데,
흙먼지 일으키며 다시 쳐들어왔다면 어찌 되었을까.

捲土重來

. . .

| 捲土重來 | 땅[土]을 말아 뒤집으며[捲] 다시[重] 옴[來]
어떤 일에 실패한 뒤, 힘을 길러 다시 그 일을 시작함을 비유하는 말. |

단어의 구성은

捲(권) : 말 권, 11획, 부수 : 扌   土(토) : 흙 토, 3획, 부수 : 土

重(중) : 무거울 중, 9획, 부수 : 里   來(래) : 올 래, 8획, 부수 : 人

멋지게 한번 써볼까?

捲	土	重	來

이럴때 이렇게 표현하기

"그는 이번 대입 시험에서 낙방했지만,
낙심하지 않고 권토중래의 마음으로 다시 도전하기로 했다."

홍문에서 열린 잔치에서 모처럼 유방을 죽일 수 있었던 기회를 놓친 항우는 진나라의 성안으로 들어가 아방궁에 불을 지르고 진왕의 아들 영(嬰)을 살해하였다.

손에 넣은 엄청난 양의 금은보화와 사흘 동안 타오르는 아방궁을 술 취한 낯으로 바라보며 한시라도 빨리 고향으로 돌아가 자신의 성공한 모습을 고향 사람들에게 보여 주고 싶은 심정이었다.

그때 한생(韓生)이라는 자가 말을 했다.

"이곳 관중은 산으로 막혀있으며 지세가 견고합니다. 토지 또한 비옥하므로 이곳에 도읍을 삼아 천하를 호령하는 것이 좋습니다."

하지만 항우는 불탄 그곳이 싫었고, 또 고향에 돌아가 자신을 뽐내고 싶은 마음에서 "많은 재산과 높은 지위를 얻고도 고향에 돌아가지 않는다면 마치 비단옷을 입고 밤길을 가는 것과 같으니 누가 알아줄 사람이 있겠는가."라고 대답했다고 한다.

한생은 그런 항우를 원숭이에게 옷을 입히고 관을 씌운 것이며, 원숭이는 그러한 것을 오래 참고 견디지 못하니 바로 항우와 같은 초나라 사람의 성질이라고 비웃었다.

그 비웃음을 들은 항우는 화를 못 참고 한생을 죽였으나 항우는 머 잖아 유방에게 천하를 빼앗기고 만다.

'비단옷 입고 밤길을 걷다', 즉 금의야행(錦衣夜行)은 알아주는 사람 없어 보람 없는 일을 뜻하는데, '금의환향(錦衣還鄕)' 즉 비단옷 입고 고 향에 돌아가고자 하는 항우의 지극히 인간적인 욕망이 일을 그르친 것이다.

錦衣夜行

비단[錦]으로 된 옷[衣]을 입고 밤[夜]길을 가다[行].

부귀를 갖추고도 고향에 돌아가지 않는 것은 비단 옷을 입고 밤길을 가는 것과 같다고 한 항우의 고사 에서 나온 말로, 자랑삼아 하지만 알아봐주는 이가 없음을 이르는 말.

단어의 구성은

錦(금) : 비단 금, 16획, 부수 : 金　　衣(의) : 옷 의, 6획, 부수 : 衣
夜(야) : 밤 야, 8획, 부수 : 夕　　行(행) : 갈 행, 6획, 부수 : 行

멋지게 한번 써볼까?

錦	衣	夜	行

이럴때 이렇게 표현하기

"선미는 비싼 명품 핸드백을 사 놓고 잃어버릴까 염려 되어 집 안 깊숙한 곳에 숨겨 놓고 모조품을 들고 다닌다고 하는데, 금의야행과 같은 상황이 되었다."

코뿔소가 한번은 신을 찾아가 사자와 같이 날카로운 이빨을 달라고 졸랐다.

이에 신은 코뿔소에게서 나뭇잎과 풀을 잘게 씹어 먹을 수 있는 이빨과 자신을 방어할 수 있는 뿔을 가져가고 대신 날카로운 이빨을 주었다.

그런데 얼마 후 코뿔소가 다시 신을 찾아와 눈물을 뚝뚝 흘리며 말했다.

"초식동물인 제게 날카로운 이빨이 생기자 도저히 풀과 나뭇잎을 먹을 수 없습니다. 그렇다고 동물들을 사냥하려니 제 발은 너무 느리고, 더구나 사냥은 제 천성에도 맞지 않습니다. 부디 저를 불쌍히 여겨 원래 모습으로 되돌려주시옵소서."

신은 코뿔소의 소원을 다시 들어주었을까?

'각자무치'란 뿔이 있는 짐승은 날카로운 이가 없다는 뜻으로, 한 사람이 모든 재주나 복을 다 가질 수 없음을 의미한다.

　그렇기에 우리는 서로의 재능과 강점을 살려 조화롭게 더불어 살아가야 하는 것이다.

角者無齒

뿔[角]이 있는 자[者]는 이빨[齒]이 없다[無].

뿔이 있는 짐승은 이가 없다는 뜻으로, 한 사람이 여러 가지 복이나 재주를 한꺼번에 다 가질 수 없음을 이르는 말.

단어의 구성은

角(각) : 뿔 각, 7획, 부수 : 角 　　　 者(자) : 놈 자, 9획, 부수 : 耂

無(무) : 없을 무, 12획, 부수 : 灬 　　 齒(치) : 이 치, 15획, 부수 : 齒

멋지게 한번 써볼까?

角	者	無	齒

이럴때 이렇게 표현하기

"솔비에게는 각자무치란 말도 무색한 것 같아,
하나라도 못하는 게 없는 걸 보니 말이야."

기호지세
騎虎之勢

삼국지의 주역들이 하나둘 역사의 전면에서 사라지고 천하는 위(魏)나라의 수중으로 들어갔다. 다시 위나라는 진(晉)으로 이어졌으며 오랑캐의 침공으로 진의 옛 땅은 오호(五胡)에 의해 점령되었고 이들은 추후 130년 동안이나 한민족에 대항하였다. 나라가 생겨나고 망하기가 여름날 팥죽 끓듯 한 이때를 5호 16국 시대라 하였으며, 이후 세월이 흘러 북방에서는 선비가 후위를 세웠고, 다시 동위, 서위, 북주 등으로 이어졌는데 이를 역사상 남북조 시대라 한다.

남북조 시대 최후의 왕조인 북주의 선제(宣帝)가 죽고 난 후 외척인 양견(楊堅, 훗날 수문제)이 재상이 되었다. 그는 평소에 한인이 이민족에게 점령당하고 있는 것을 비통하게 생각하여 한인의 천하를 다시 만들 야망을 키우고 있었는데, 양견이 정권을 빼앗아 나라를 세우니, 이것이 곧 수(隋)나라다.

그가 북주의 왕권을 탈취하기 위해 동분서주하고 있을 때 후에 독고황후가 될 그의 부인이 사람을 보내 이렇게 말을 전했다.

"지금 당신은 호랑이에 올라타 있는 기세이기 때문에 호랑이 등에 탄 사람은 중도에서 내릴 수 없는 것입니다. 끝까지 밀고 나가 목적을 달성하도록 하십시오."

아내의 이 말에 양견은 크게 고무되었고 수나라를 세우는 데 성공하였다.

騎虎之勢

호랑이[虎]를 타고[騎] 달리는 형세[勢]

호랑이를 타고 달리는 형세라는 뜻으로, 이미 시작한 일을 중도에서 그만둘 수 없음을 비유적으로 이르는 말.

단어의 구성은

騎(기) : 말 탈 기, 18획, 부수 : 馬　　虎(호) : 범 호, 8획, 부수 : 虍

之(지) : 갈 지, 4획, 부수 : 丿　　勢(세) : 기세 세, 13획, 부수 : 力

멋지게 한번 써볼까?

騎	虎	之	勢

이럴때 이렇게 표현하기

"계획했던 일들을 기호지세라 생각하고
잘 마무리 질 수 있도록 최선을 다해야 한다."

고복격양
鼓腹擊壤

고복격양은 배를 두드리고 발을 구르며 흥겨워한다는 뜻으로 백성들이 태평세월을 누리고 있음을 비유한 말이다.

어느 날, 천하의 성군으로 꼽히는 요(堯)임금이 자기가 정치를 잘하고 있는지 알아보기 위해 평복차림으로 거리에 나섰다. 어느 거리에 이르자 어린이들이 동요를 부르고 있었다. "우리 백성 살아감이 임금의 덕 아님이 없네. 느끼지 못하고 알지도 못하면서 당신의 다스림에 따르고 있네."

이 동요를 듣고 가슴이 다소 설레는데 저쪽에서 또 소리가 나서 가 보니 백발노인 한 사람이 입에 음식을 넣고 우물거리면서 배를 두드리고 땅을 치면서 노래를 흥얼거리고 있었다. 귀를 기울여 들어 보니,

"동이 트면 일을 하고 해가 지면 쉰다네. 밭을 갈아 배불리 먹고 우물 파서 물을 마시니 임금님의 힘이 나에게 무슨 소용이랴."

그때야 요임금의 마음이 밝아졌다. 백성이 아무런 간섭도 없이 그저 편안히 일하고 넉넉하게 먹고 입는 생활, 즉 요임금이 목표한 이상

적인 정치 현실을 그 노인의 노래 속에서 발견한 것이다. 노자는 가만히 놔둬도 저절로 다스려지는 이상적 정치인 '무위지치(無爲之治)'를 말했으며 요임금처럼 지배자가 있는지 없는지 모를 정도로 정치를 잘하는 지배자를 최고의 통치자로 꼽았다.

鼓腹擊壤

북[鼓]처럼 배[腹]를 두드리고 땅[壤]을 침[擊]

한 노인이 배를 두드리고 땅을 치면서 요임금의 덕을 찬양하고 태평성대를 즐겼다는 일에서 나온 말로, 태평한 세상을 즐김을 뜻하는 말.

단어의 구성은

鼓(고) : 북 고, 13획, 부수 : 鼓   腹(복) : 배 복, 13획, 부수 : 月
擊(격) : 칠 격, 17획, 부수 : 手   壤(양) : 흙 양, 20획, 부수 : 土

멋지게 한번 써볼까?

鼓	腹	擊	壤

이럴때 이렇게 표현하기

"경제 위기로 인해 실업자가 증가하고 있는 상황에, 모두 힘든 삶을 살고 있다. 어서 빨리 이 위기를 극복해 고복격양을 하는 태평성대가 왔으면 좋겠다."

집은 가난하지만, 절개가 곧은 양홍(梁鴻)이란 학자가 있었다.

뜻이 있어 장가를 늦추고 있는데, 같은 현에 몸이 뚱뚱하고 얼굴이 못생긴 맹광(孟光)이라는 처녀가 서른이 넘은 처지에 '양홍 같은 훌륭한 분이 아니면 시집을 가지 않겠다.'고 한다는 소문을 돌자. 양홍은 이 처녀에게 청혼을 하여 결혼을 했다.

결혼 후 며칠이 지나도 잠자리를 같이 아니하자 색시가 궁금하여 그 이유를 물었다. 양홍이 대답하기를 "내가 원했던 부인은 비단옷 입고 진한 화장을 한 여자가 아니라 누더기 옷을 입고 깊은 산 속에서 살 수 있는 그런 여자였소."라고 했다.

그러자 색시는 "이제 당신의 마음을 알았으니 당신의 뜻에 따르겠습니다."라고 말했다.

그 후로 그녀는 화장도 안 하고 산골 농부의 차림으로 양홍과 산속으로 들어가 농사를 짓고 베를 짜면서 생활했다. 양홍이 일을 마치고 돌아오면 아내는 밥상을 차리고 기다렸다가 눈을 아래로 깔고 밥상을 눈썹 위까지 들어 올려 남편에게 공손하게 바쳤다고 한다.

밥상을 눈썹 높이로 들어 공손히 남편 앞에 가져간다는 뜻의 거안제미, 지금은 시대상의 변화로 거의 볼 수 없는 풍경이다.

擧案齊眉

밥상[案]을 눈썹[眉]과 가지런히[齊] 되도록 듦[擧]

밥상을 눈썹과 가지런히 되도록 공손히 들어 남편 앞에 가지고 간다는 뜻으로, 남편을 깍듯이 공경함을 이르는 말.

단어의 구성은

擧(거) : 들 거, 18획, 부수 : 手　　　案(안) : 책상 안, 10획, 부수 : 木
齊(제) : 가지런할 제, 14획, 부수 : 齊　眉(미) : 눈썹 미, 9획, 부수 : 目

멋지게 한번 써볼까?

擧	案	齊	眉

이럴때 이렇게 표현하기

"옛날에는 신붓감으로 거안제미하는 요조숙녀를 꼽았는데,
지금에 와서는 경제력까지 갖춘 여성을 원하고 있다."

곡학아세
曲學阿世

    전한(前漢)의 4대 황제 효경제 때 원고생(轅固生)이라는 신하가 있었는데 90의 나이에도 자신이 옳다고 생각하는 것은 무엇이든 두려워하지 않고 직언하는 강직한 성품으로 그를 비방하고 헐뜯는 자가 많았다.

    어느 날 경제의 어머니 두태후(竇太后)가 노자(老子)를 좋아하여 노자의 책에 대하여 원고생의 의견을 물었다. "그와 같은 책은 종들의 말에 불과합니다."라고 원고생은 대답했다.

    화가 치민 두태후는 그를 사육장으로 보내 돼지를 잡도록 했다.

    그러나 얼마 후 경제는 원고생을 청렴결백한 선비라고 하여 청하왕의 태부로 임명했다. 그 다음 무제가 즉위하자 원고생을 다시 부르려 했지만 아부를 잘하는 유학자들이 원고생이 늙었다는 이유로 복직을 반대했다.

    원고생이 무제에게 다시 부름을 받을 때 같은 고향 사람인 공손홍(公孫弘)도 부름을 받는데, 공손홍마저 원고생을 '쓸모없는 늙은이'라고 지칭하며 비웃었다.

그에게 원고생이 이렇게 말했다.

"공손군, 올바른 학문에 힘써 말을 하게. 학문을 굽혀 세상에 아부해서는 안 되네."

공손홍은 원고생의 훌륭한 인품과 풍부한 학식에 부끄러움을 느껴 자신의 무례함을 사과하고 그의 제자가 되었다고 한다

曲學阿世

학문[學]을 굽혀[曲] 세상[世]에 아부[阿]함
바르지 못한 학문으로 세속의 인기에 영합하려 애씀.

단어의 구성은

曲(곡) : 굽을 곡, 6획, 부수 : 曰   學(학) : 배울 학, 16획, 부수 : 子

阿(아) : 아첨할 아, 8획, 부수 : 阝   世(세) : 세상 세, 5획, 부수 : 一

멋지게 한번 써볼까?

曲	學	阿	世

이럴때 이렇게 표현하기

"학문의 정도를 걷지 않고 곡학아세하는 사람은 가짜 지식인이다."

조선 세종 때 영의정을 지낸 황희(黃喜)는 청렴한 생활을 하다 보니 관복도 한 벌밖에 없었으며 장마철에는 집에 비가 샐 정도로 가난했다.

이 사실을 알았던 세종대왕은 황희를 도와줄 방법을 생각하다가, 새벽에 성문을 열었을 때부터 저녁에 닫을 때까지 하루 동안 문 안으로 들어오는 물건을 다 사서 황희에게 주도록 조치했다.

그러나 그날은 뜻밖에도 새벽부터 몰아친 폭풍우가 종일토록 멈추지 않아 성을 드나드는 장사치가 한 명도 없었다. 그러다가 해가 저물어 문을 닫으려 할 때 한 시골영감이 달걀 한 꾸러미를 들고 들어왔다. 황희가 달걀을 가지고 집으로 돌아와 삶아 먹으려고 하자 달걀이 모두 곯아서 한 알도 먹을 수가 없게 되었다.

여기에서, 모처럼 얻은 좋은 기회임에도 일이 틀어져 잘 안 되는 경우를 뜻하는 '달걀에도 뼈가 있다.'라는 말이 생겨났다.

비슷한 순우리말 속담으로는 '재수 없는 포수는 곰을 잡아도 웅담

이 없다.', '밀가루 장사를 하면 바람이 불고, 소금 장사를 하면 비가 온다.' 등이 있다.

鷄卵有骨

닭[鷄]의 알[卵]에 뼈[骨]가 있음[有]

계란이 곯았다는 뜻을 골계적으로 쓴 말로, 운이 나쁜 사람은 어쩌다 좋은 기회를 만나도 역시 일이 잘 안 됨을 이르는 말.

단어의 구성은

鷄(계) : 닭 계, 21획, 부수 : 鳥   卵(란) : 알 란, 7획, 부수 : 卩

有(유) : 있을 유, 6획, 부수 : 月   骨(골) : 뼈 골, 10획, 부수 : 骨

멋지게 한번 써볼까?

鷄	卵	有	骨

이럴때 이렇게 표현하기

"몇 년 동안 직장을 잡지 못해 백수 생활을 하다가 운 좋게 작은 회사에 취직을 했는데, 한 달도 못 되어 회사가 부도나 문을 닫고 말았어. 정말 '계란유골'이라더니, 안 되는 사람은 뭐 하나 되는 일이 없다니까."

감탄고토
甘呑苦吐

'달면 삼키고 쓰면 뱉는다.'는 뜻으로 자기 이익에 맞으면 좋아하고 맞지 않으면 거부한다는 의미다.

사사로운 이익의 옳고 그름을 판단하지 않고 자기에게 유리한 경우에는 함께하고 불리한 경우에는 배척하는 이기주의적 태도, 각박한 세태를 가리킨다. 비슷한 뜻으로 '간에 가 붙고 염통에 가 붙는다.'는 속담도 있다.

나무의 예를 들어보자.

나무의 친구로는 바람, 새, 달이 있다.

바람은 매우 변덕스러운 수다쟁이로 믿지 못할 친구다. 자기 마음 내킬 때만 찾아와서 알랑거리기도 하다가 난데없이 상처를 내놓고 달아나기도 한다.

새 또한 마음 내킬 때 찾아와 둥지를 틀었다가도 어느새 날아가 버려 선회하기 힘든 친구다. 하지만 달은 어떨까? 달은 때를 어기지 않고 찾아와 긴긴 밤을 같이 지내는 의리 있고 다정한 친구다.

나무는 이 모든 것을 잘 가릴 줄 안다. 그러나 좋은 친구라 해서 달만을 반기거나 믿지 못할 친구라 해서 새와 바람을 물리치는 일이 없

다. 이해관계에 따라 이로우면 붙기도 했다가 이롭지 않으면 돌아서

기도 하는, 서로 믿음이 없는 행위를 하지 않는다.

甘呑苦吐

달면[甘] 삼키고[呑] 쓰면[苦] 뱉음[吐]

달면 삼키고 쓰면 뱉는다는 뜻으로, 옳고 그름에 관계없이 자기 비위에 맞으면 좋아하고 그렇지 않으면 싫어함.

단어의 구성은

甘(감) : 달 감, 5획, 부수 : 甘   呑(탄) : 삼킬 탄, 7획, 부수 : 口

苦(고) : 쓸 고, 9획, 부수 : 艹   吐(토) : 토할 토, 6획, 부수 : 口

멋지게 한번 써볼까?

甘	呑	苦	吐

이럴때 이렇게 표현하기

"요즘 정치인들의 모습을 보면 감탄고토의 자세에 실망이 이만저만 아니다."

난형난제
難兄難弟

누가 더 낫고 더 못한지 가려내기 어려운 경우에 사용되는 말이다.

'양상군자(梁上君子, 들보 위의 군자라는 뜻으로 도둑을 가리키는 말)'로 유명한 후한(後漢)의 진식(陳寔)에게는 진기(陳紀)와 진심(陳諶)이라는 두 아들이 있었다.

어느 날 진식이 친구와 어디를 가기로 약속하고 기다렸으나 워낙 늦어 먼저 출발했는데, 늦게 온 친구가 진식을 욕하자 아들 진기가 "손님께서 아버지와 정오에 약속하시고 시간이 훨씬 지나 이제 오셨으니 누가 신의를 저버린 것입니까? 그리고 자식 앞에서 그 아버지를 욕한다는 것은 예의에 어긋난 일이 아닙니까?"라고 말했다.

친구는 어린 것에게 책망을 당하는 순간 자신의 잘못을 뉘우치고 사과하려 했으나 진기는 대문 안으로 들어간 뒤였다.

한번은 진기의 아들과 진심의 아들 사이(사촌)에 서로 자기 아버지의 공적과 덕행에 대해 논쟁을 벌이다가 결말이 나지 않자 할아버지인 진식에게 판정을 내려줄 것을 요구하게 되었다. 이때 진식은 "원방(진기)도 형 되기가 어렵고 계방(진심)도 동생 되기가 어렵다."라고 말했다. 누가 더 나은 지 알 수 없다는 대답이었다.

난형난제와 비슷한 말로는 호각지세(互角之勢)가 있다. 호각은 두 뿔(角)이 길이나 굵기에서 큰 차이가 없다는 뜻으로, 서로 비슷비슷한 위세를 말한다.

難兄難弟

누가 형[兄]이고 동생[弟]인지 부르기 어려움[難]
형이라 말하기 어렵고 아우라 말하기 어렵다는 뜻으로, 서로 비슷비슷하여 우열을 가리기 어려움을 비유적으로 이르는 말.

단어의 구성은

難(난) : 어려울 난, 19획, 부수 : 隹   兄(형) : 맏 형, 5획, 부수 : 儿
難(난) : 어려울 난, 19획, 부수 : 隹   弟(제) : 아우 제, 7획, 부수 : 弓

멋지게 한번 써볼까?

難	兄	難	弟

이럴때 이렇게 표현하기

"저 두 팀은 해마다 결승전에서 만나는데,
실력이 서로 난형난제라서 누가 이길지 전혀 예측할 수가 없다."

남가일몽
南柯一夢

당나라 덕종 때 순우분(淳于棼)이란 협객이 살고 있었다. 그의 집 남쪽에 큰 느티나무가 있었는데 어느 날 그는 그 아래서 친구들과 술을 마시며 어울리다 나무 그늘 아래서 잠이 들었다. 그때 자줏빛 옷을 입은 두 사람이 나타나 "저희들은 괴안국(槐安國) 국왕의 사신인데, 당신을 모시고 오라는 명을 받들고 왔습니다."라고 말했다.

순우분은 그들을 따라가서 국왕의 사위가 되고 남가군(南柯郡)의 태수가 되어 20년 동안 남가군을 다스려 부귀영화를 누렸다.

어느 날 왕이 순우분에게 "자네가 고향을 떠나온 지 오래되었으니 한번 다녀오는 것이 어떤가?"라고 물었다.

순우분은 대답했다. "저의 집은 여기인데 어디로 간단 말입니까?"

왕이 다시 말했다. "자네는 원래 속세의 사람으로 여기는 자네의 집이 아니라네. 그리고 3년 후에 다시 만나기로 하세."

그리하여 그는 왕의 사자를 따라 자신의 옛집으로 돌아오게 되었다.

그때 깜짝 놀라 눈을 떠 보니 그는 느티나무 아래서 지금까지 꿈을

꾸고 있었던 것이다. 꿈속에서 들어갔던 느티나무 구멍을 살펴보자 그 속에는 성 모양을 한 개미집이 있었는데, 이것이 대괴안국이었으며, 다시 구멍을 따라 남쪽으로 가니 또 하나의 개미집이 있었는데 이것이 남가군이었던 것이다.

　그는 남가일몽의 덧없음을 깨닫고 무술에만 전념하게 되었는데, 3년 후에 순우분은 세상을 떠났다. 바로 괴안국 왕과 약속한 3년 기한의 해였다.

南柯一夢

남쪽[南] 나뭇가지[柯] 아래에서의 한바탕[一]의 꿈[夢]
남쪽으로 뻗은 나뭇가지 아래의 꿈이라는 뜻으로,
덧없는 꿈이나 부귀영화를 이르는 말.

단어의 구성은

南(남) : 남녘 남, 9획, 부수 : 十　　柯(가) : 가지 가, 9획, 부수 : 木
一(일) : 한 일, 1획, 부수 : 一　　夢(몽) : 꿈 몽, 14획, 부수 : 夕

멋지게 한번 써볼까?

南	柯	一	夢

이럴때 이렇게 표현하기

"옳지 않은 방법으로 획득한 권력이나 부귀는 지나고 보면 한갓 '남가일몽'에 지나지 않으니, 늘 마음을 비우고 정도에 따라 살아야 한다."

낭중지추

囊中之錐

진나라의 공격을 받은 조나라는 수상 평원군을 초나라에 보내 구원병을 요청하기로 하였다. 약 3천의 식객 중에서 문무의 덕을 겸비한 20명을 뽑아 수행원으로 데려가기로 조나라 왕과 약속을 했으나 식객 가운데서 19명은 뽑고 한 명의 인재를 못 찾고 있었다. 그런데 모수(毛遂)라는 자가 찾아와 스스로 자원했다.

평원군은 모수에게

"무릇 재능이 있는 자는 주머니 속에 든 송곳처럼 그 예리함이 저절로 나타나는 법인데, 자네는 내 집에 있은 지 3년이 되었지만 단 한 번도 내 눈에 띈 일이 없지 않은가?"라고 하였다.

이에 모수는 다음과 같이 말했다.

"저는 오늘 비로소 주머니 속에 넣어 주기를 청원했을 뿐입니다. 저를 조금 더 빨리 주머니 속에 넣었더라면 자루까지 나왔을 것입니다."

마침내 평원군은 모수의 대답에 만족하며 그를 수행원으로 뽑았다.

그의 활약으로 초나라 구원군을 얻을 수 있었다고 하며, 평원군은 모수를 상객(上客)으로 삼았고 다시는 인물을 함부로 평가하지 않게 되었다고 한다.

囊中之錐

주머니[囊] 속[中] 송곳[錐]
주머니 속의 송곳이라는 뜻으로, 재능이 뛰어난 사람은 숨어 있어도 저절로 남의 눈에 띄게 됨을 이르는 말.

단어의 구성은

囊(낭) : 주머니 낭, 22획, 부수 : 口　中(중) : 가운데 중, 4획, 부수 : 丨
之(지) : 갈 지, 4획, 부수 : 丿　　　錐(추) : 송곳 추, 16획, 부수 : 金

멋지게 한번 써볼까?

囊	中	之	錐

이럴때 이렇게 표현하기

"어떤 분야에서든 타고난 재능이 있는 사람은
'낭중지추'가 되어 금방 사람들의 눈에 띈다.
그리고 이 재능을 잘 갈고 닦으면 그 분야의 세계적인 사람이 될 수 있다."

내우외환

內憂外患

춘추시대 진나라의 실권자인 낙서(樂書)는 진나라를 배신하고 초나라와 동맹을 맺은 정나라를 응징하기 위해 군사를 일으켰다. 그러나 초나라에서도 정나라를 돕기 위해 구원병을 보냈다. 이때 공격을 준비하던 낙서에게 부장인 범문자(范文子)가 말했다.

"동맹을 맺은 제후가 배신을 하면 이를 토벌하고, 공격을 당하면 구원해야 하는 것은 당연한 일이지만, 그러다가 자칫 잘못되면 나라가 위태로워질 수 있소, 성인이라면 능히 밖으로부터의 근심도 없고, 안으로의 걱정도 없게 할 수 있겠지만, 지금 우리의 실정은 밖으로부터의 재난이 없어도 내부에서 일어나는 근심을 걱정해야 하는 형편이오. 그러니 초나라와 정나라처럼 밖에서 오는 재난은 일단 내버려 두지 않겠는가."

'내우외환'은 나라 안의 근심과 나라 밖으로부터의 환난이라는 뜻으로, 인간은 항상 근심 속에 살고 있다는 말이다.

內憂外患

．
．
．

內憂外患
나라의 안[內]과 밖[外]에서 일어나는 우환[憂][患]
나라 안팎의 여러 어려운 일들과 근심거리를 일컫는 말.

단어의 구성은

內(내) : 안 내, 4획, 부수 : 入　　憂(우) : 근심 우, 15획, 부수 : 心

外(외) : 바깥 외, 5획, 부수 : 夕　　患(환) : 근심 환, 11획, 부수 : 心

멋지게 한번 써볼까?

內	憂	外	患

이럴때 이렇게 표현하기

"요즘 해외에서는 물건이 안 팔리고, 내부에서는
강성 노조의 파업으로 인해 생산에 차질을 빚고, 이렇게 '내우외환'이 겹치면
회사가 큰 타격을 입게 되지 않을까 걱정이 된다."

노마지지
老馬之智

춘추시대 제나라 환공(桓公)이 관중(管仲)과 습붕(濕朋)을 데리고 고죽국을 정벌하였다. 전쟁이 길어지는 바람에 그해 겨울 혹한 속에 지름길을 찾아 귀국하다 길을 잃었다.

이때 관중이 "늙은 말의 지혜를 이용하는 것이 좋겠다."라고 말하며 곧 늙은 말을 풀어놓았다. 그리고 말 뒤를 따르자 이내 길을 찾게 되었다.

그 다음에 물이 없었다. 이번에는 습붕이 "개미는 겨울에는 양지, 여름에는 산의 음지쪽에 사는데 개미집이 한 치만 되면 그곳에는 물이 있는 법이다."라고 말했다. 군사들이 산을 뒤져 개미집을 찾은 다음 그곳을 파 내려가자 샘물이 솟아났다.

관중과 습붕 같은 지혜 있는 사람도 늙은 말이나 개미의 도움을 받는 것을 부끄럽게 여기지 않았다. 한비자는 이 이야기를 하고는
'지금 사람들은 자기의 어리석은 마음을 가지고 성인의 지혜를 본

받으려 하지 않으니 이 얼마나 어리석은 행동인가?'라고 덧붙였다.

말이든 개미든, 상대가 누구든 배울 점은 배워야 한다는 말이다.

老馬之智

늙은[老] 말[馬]의 지혜[智]

하찮은 인간이라도 자기 나름대로의 장점과 특징이 있음을 뜻하는 말.

단어의 구성은

老(노) : 늙을 노(로), 6획, 부수 : 老   馬(마) : 말 마, 10획, 부수 : 馬
之(지) : 갈 지, 4획, 부수 : 丿   智(지) : 슬기 지, 12획 부수 : 日

멋지게 한번 써볼까?

老	馬	之	智

이럴때 이렇게 표현하기

"나이 먹은 사람들한테서는 '노마지지'의 지혜를 배울 수가 있기 때문에
늘 경청하는 마음의 자세를 갖춰야 한다."

누란지위

累卵之危

전국시대 위나라 범수(范睢)는 중대부 수가(須賈)의 부하로 있을 때 제(齊)나라에 간 적이 있었는데, 책사로서 유능한 실력을 발휘해 제나라 관리들로부터 사신인 수가보다도 더 우대를 받았다. 이를 시샘한 수가는 범수가 귀국하자 범수가 제나라와 내통하고 있다고 모함을 했다. 범수는 억울한 누명을 쓰고 옥에 갇히게 되어 죽을 처지에 있었다. 그러나 진나라 사신 왕계의 도움을 받아 장록(張祿)으로 개명해 진나라로 망명할 수 있었다.

그의 망명을 도운 왕계(王稽)는 진나라 왕에게 그를 이렇게 추천했다.

"위나라 장록은 천하에 뛰어난 지략가입니다. 그의 말에 따르면, 진나라의 정세는 계란을 쌓아 놓은 것보다 위태롭다고 합니다. 그러나 진나라가 자기를 받아들인다면 진나라는 평안을 유지할 수 있다고 합니다. 불행하게도 이런 내용을 알릴 길이 없다기에 제가 모시고 왔습니다."

이렇게 하여 범수는 진왕에게 대외정책을 진언하는 등 크게 활약하고 매우 영민한 정책을 두루 펼쳐 진나라를 튼실하고 평화롭게 만들었다고 한다.

累卵之危

계란[卵]을 쌓아올린[累] 것 같은 위태로움[危]
쌓아올린 계란이란 뜻으로 조금만 건드려도 무너져 깨질 것 같은 위험한 상태를 이르는 말.

단어의 구성은

累(누) : 여러 누(루), 11획, 부수 : 糸　　卵(란) : 알 란(난), 7획, 부수 : 卩
之(지) : 갈 지, 4획, 부수 : 丿　　危(위) : 위태할 위, 6획, 부수 : 卩

멋지게 한번 써볼까?

累	卵	之	危

이럴때 이렇게 표현하기

"지금 우리 회사는 창립 이래 최고로 번성한 시기로 여겨지지만
조금만 앞을 내다본다면 누란지위에 처해있기도 하다"

다다익선

多多益善

중국 한나라 장수 한신이 한고조 유방과 장수의 역량에 대해 이야기하는 장면에서 나온 말이다.

어느 날 조용한 틈을 타서 고조는 한신과 여러 장수들의 능력에 대하여 의견을 나누었다. 그때 고조는 물었다.

"나는 어느 정도의 군사를 거느릴 수 있다고 보는가?"

"폐하께서는 10만 명 정도 거느릴 수 있습니다."

"그러면 그대는 어느 정도인가?"

"신은 다다익선이라 많으면 많을수록 더욱 좋습니다."

이 말을 듣고 한 고조는 어이없어 웃으며 물었다.

"그렇게 다다익선인 그대가 왜 내게 잡혀 왔는가?"

"폐하께서는 군사를 거느리는 데는 능하지 않지만 장수는 잘 거느리시고 장수의 장수이시옵니다. 이것이 신이 폐하께 사로잡히게 된 까닭입니다. 그리고 폐하는 하늘이 주신 것으로 사람의 힘은 아닙니다."라고 한신이 대답했다.

군사의 통솔 능력을 말하던 다다익선이 오늘날에는 많으면 많을수록 좋다는 뜻으로 쓰이고 있다.

多多益善

많으면[多] 더[益] 좋음[善]

많으면 많을수록 좋다는 뜻으로 감당할 능력이 있으면 많을수록 좋다는 뜻.

단어의 구성은

多(다) : 많을 다, 6획, 부수 : 夕 　　多(다) : 많을 다, 6획, 부수 : 夕

益(익) : 더할 익, 10획, 부수 : 皿 　　善(선) : 좋을 선, 12획, 부수 : 口

멋지게 한번 써볼까?

多	多	益	善

이럴때 이렇게 표현하기

"아버지 돈이란 다다익선이니, 용돈을 많이 주면 줄수록 좋아요."

단사표음
簞食瓢飲

허술한 밥그릇에 담은 밥과 표주박에 든 물이라는 말로, 그만큼 청빈하고 소박한 생활을 이르는 것이다. 공자의 수제자로, 가난하지만 의연히 학문을 닦은 안연의 이야기가 이 성어를 낳았다.

공자의 3,000명 제자 70인 중에서 언제나 첫손에 꼽히는 제자가 있었다.

그 제자 이름은 안연(顔淵)이다. 그는 학문과 재능이 뛰어나 후세에 안자(顔子)나 아성(亞聖)으로까지 불렸다. 안연은 평생 지게미조차 배불리 먹어본 적이 없을 정도로 찢어지게 가난하여 끼니 거르기를 밥 먹듯 했으나, 가난을 부끄럽게 여지지 않고 학문에 힘썼다. 공자는 그를 안타깝게 여겼지만, 마음이 착하고 어질다며 칭찬을 아끼지 않았다. "한 대그릇의 밥과 한 바가지 물만 가지고도 안연은 즐거움을 잃지 않는구나." 하지만 안연은 스승의 기대를 살리지 못하고 31세에 요절했다. 공자는 대성통곡하며 하늘을 원망했다고 한다.

오늘날엔 경제가 발전하고 소득 수준이 높아져서 안연처럼 청빈한 생활이 요구되지는 않지만, 여전히 가난을 느끼는 사람은 많다. 가난에서 벗어나기 위해서는 무조건 청빈한 것만이 능사는 아니다. 보다 확실한 계층이동을 위해서는 교육을 통한 자기 경쟁력 확보와 더불어 금융에 대한 이해가 필요하다.

簞食瓢飮

도시락[簞]에 담긴 밥[食]과 표주박[瓢]에 담긴 물[飮]
도시락에 담긴 밥과 표주박에 든 물이라는 뜻으로, 청빈하고 소박한 생활을 비유적으로 이르는 말.

단어의 구성은

簞(단) : 대광주리 단, 18획, 부수 : 竹   食(사) : 밥 식, 9획, 부수 : 食

瓢(표) : 박 표, 16획, 부수 : 瓜   飮(음) : 마실 음, 13획, 부수 : 飠

멋지게 한번 써볼까?

簞	食	瓢	飮

이럴때 이렇게 표현하기

"다 같이 못 살던 과거에는 '단사표음'으로 공부하여
성공한 사람들이 많았다. 하지만 지금은 경제적 뒷받침이 있어야
공부를 제대로 할 수 있는 시대가 되었다."

단기지교
斷機之敎

맹자(孟子)는 아버지를 일찍 여의고 홀어머니 밑에서 가난하게 자랐으나 어머니의 지극한 교육열에 힘입어 학문을 배우고자 유학을 떠나게 되었다. 그러나 그는 공자의 손자 자사(子思)에게서 학문을 배우기 시작한 지 얼마 되지 않아 학문을 그만두겠다고 집으로 돌아왔다. 일찍 홀로 되어 가난한 살림에 쪼들리면서도 자식을 올바로 키우기 위해 이사를 세 번이나 했고, 어느 정도 커서 유학을 보냈는데 오래지 않아 중도에 집으로 돌아왔으니 맹자의 어머니는 어처구니가 없었다.

그래서 아들에게 조용히 물었다.

"공부는 다 마쳤느냐?"

맹자는 어머니께 대답했다.

"끝내다니요. 어머니가 뵙고 싶어 잠시 돌아왔습니다."

어머니는 아무 말 없이 옆에 있는 칼을 집어, 짜고 있던 베를 잘라 버렸다.

그러자 맹자는 깜짝 놀라며 "어떻게 된 일입니까, 어머니?"라고 소리쳤다.

어머니는 깜짝 놀란 맹자를 보며 말했다.

"네가 공부를 도중에 그만둔 것은 내가 짜던 베를 다 마치지 못하고 끊어버리는 것과 같다."

맹자는 눈앞의 광경과 어머니의 말씀에 크게 깨닫고 다시 돌아가 학문에 전념하였으며 마침내 공자 다음 가는 성인이 될 수 있었다.

斷機之敎

짜던 베[機]의 날을 칼로 끊어[斷] 버림

짜던 베를 중간에 끊어버리면 소용이 없게 되듯, 학문을 중도에서 그만두면 아무 쓸모가 없음을 이르는 말.

단어의 구성은

斷(단) : 끊을 단, 18획, 부수 : 斤   機(기) : 베틀 기, 16획, 부수 : 木
之(지) : 갈 지, 4획, 부수 : 丿   敎(교) : 가르칠 교, 11획, 부수 : 攵

멋지게 한번 써볼까?

斷	機	之	敎

이럴때 이렇게 표현하기

"지금까지 꿈을 위해 힘들게 공부를 해왔는데 지금 그만 둔다면,
'단기지교'와 다를 바 없다."

대기만성
大器晚成

삼국시대 위나라에 최염(崔琰)이라는 장수가 있었다.

그는 한눈에 대인의 기품이 있는 산동성 태생의 호걸이었다.

이 최염에게는 최림(崔林)이라는 사촌 동생이 있었다. 그는 젊었을 때에 외모도 빈약하고 출세가 늦어 주위로부터 업신여김을 받았다. 그때마다 최염은 동생의 됨됨이를 알고 도와주었다.

최염은 사촌 동생에게 "큰 종이나 그릇은 쉽게 만들어지는 게 아니다. 너 역시 큰 그릇이나 종처럼 오랜 시간이 걸려 만들어질 것이니 좌절하지 말고 열심히 노력하거라."라고 격려의 말을 전했다.

최염의 예측대로 최림은 훗날 괄목상대할 정도로 성공하여 삼공의 자리에 올라 황제를 보필하였다.

사람의 능력은 보통 그릇에 비유하게 된다. 그릇이 큰 사람은 많은 것을 가지고 있고 또 가질 수 있는 사람이고 그릇이 작은 사람은 그 반대인 것이다.

대기만성은 이러한 큰 그릇을 만드는 데 시간이 걸린다는 말로, 큰 사람이 되기 위해서는 많은 노력과 인고의 시간이 필요하다는 뜻이다.

大器晩成

큰[大] 그릇[器]을 완성[成]하는 데는 시간이 오래[晩] 걸림

큰 그릇을 만드는 데는 시간이 오래 걸린다는 뜻으로, 크게 될 사람은 늦게 이루어짐을 이르는 말.

단어의 구성은

大(대) : 큰 대, 3획, 부수 : 大 器(기) : 그릇 기, 16획, 부수 : 口

晩(만) : 늦을 만, 11획, 부수 : 日 成(성) : 이룰 성, 7획, 부수 : 戈

멋지게 한번 써볼까?

大	器	晩	成

이럴때 이렇게 표현하기

"그 배우는 오랜 무명 시절을 보내고
나이 쉰이 넘어서야 연기력을 인정받은 대기만성의 전형이다."

대의멸친

大義滅親

춘추시대 때 위나라 왕자 주우(州旴)가 임금 환공(桓公)을 죽이고 스스로 임금 자리에 올랐다. 환공과 주우는 이복형제 사이로, 주우는 첩의 소생이었다. 그는 어릴 때부터 성질이 모나고 행동이 방자했는데, 아버지 장공은 그를 사랑한 나머지 멋대로 하게 내버려 두고 있었다. 대신 석작이 장공에게 주우를 태자로 세울 생각을 하면 안 된다고 말렸다. 나중에 석작의 아들 석후가 주우와 어울려 다니다 환공을 죽이고 왕위를 차지하려 했다. 그러나 주우가 민심을 얻지 못하고 궁한 처지에 몰리자 석후가 아버지 석작에게 위기를 극복할 방법을 물었다.

석작은 원래 선왕 장공에게 주우를 멀리할 것을 충고했으나 받아들여지지 않자 장공이 죽은 뒤 은퇴했던 인물로서, 자기 아들이 주우와 친하게 지내는 것을 못마땅하게 여겼다. 그래서 석작은 아들인 석후에게 주우가 진나라 주선으로 주나라 천자로부터 공식 승인을 받아오면 백성들이 따를 것이라 말했다. 석작은 주우와 석후가 진나라로 떠나자 진나라에 전갈을 보냈다.

"우리나라는 힘이 없어 역적의 무리를 다스리지 못하고 있으니, 임금을 죽인 이들 두 사람을 귀국에서 처리해 주시기 바랍니다."

이리하여 주우와 석후는 진나라에 도착하자마자 처형당하고 말았
다.

『춘추좌씨전(春秋左氏傳)』은 석작을 이렇게 평가했다.

"그는 신하의 도리를 다하기 위해 자기 아들마저 죽였다. 이것이 바
로 대의를 위해서라면 친족마저 희생시키는 대의멸친이다."

이처럼 사회의 큰일을 위해 자신의 자식까지도 희생시킨다는 말이
다.

大義滅親
큰[大] 뜻[義]을 위해서 가족[親]도 멸함[滅]

큰 의리를 지키기 위해서라면 부모와 형제도 돌보
지 않음을 뜻하는 말.

단어의 구성은

大(대) : 큰 대, 3획, 부수 : 大   義(의) : 옳을 의, 13획, 부수 : 羊

滅(멸) : 멸망할 멸, 13획, 부수 : 氵   親(친) : 친할 친, 16획, 부수 : 見

멋지게 한번 써볼까?

大	義	滅	親

이럴때 이렇게 표현하기

"자기 아들이 위기에 봉착한 회사를 살릴 수 있는 그릇이 되지 못한다고 판단하고,
과감하게 외부 인사를 세워 경영하게 하여 회사는 위기를 극복할 수 있었다. 주변
의 사람들은 모두 그 기업가가 '대의멸친'의 정신으로 회사를 살렸다고 칭송했다."

공자는 『논어(論語)』의 '양화편(陽貨篇)'에서 다음과 같이 말했다.

"길에서 어떤 말을 들었을 때에 그것을 자신의 마음속에 넣어 수양의 양식으로 삼아야 한다. 그것을 길에서 다 지껄여버리는 것은 결코 도움이 되지 않는다. 좋은 말은 마음에 잘 간직해 두었다가 자기 것으로 삼아야 덕을 쌓을 수 있다."

이는 훌륭한 가르침을 아무리 많이 듣고 배웠다 할지라도 온전히 자기 것으로 만들지 않으면 소용이 없다는 뜻이다.

또한 『순자(荀子)』의 '권학편(勸學篇)'에서는 다음과 같이 말한다.

"소인의 학문은 귀로 들으면 입으로 빠져나간다."

군자의 학문은 묻지도 않는 것에 대해 수다를 절대 떨지 않으며, 아무리 많은 지식을 갖춰도 인격이 우선되지 않으면 그 지식은 오히려 자신에게 해가 될 수도 있다는 말이다.

옛날 사람들은 배운 학문을 자기 것으로 만들려고 대단히 노력했다. 그러나 요즘 사람들은 입으로 중언부언 지껄여버린다. 그것은 마치 허공에 삿대질하는 것처럼 불필요한 것이며, 그것이 어찌 학문이겠는가.

道聽塗說
길거리[道][塗]에서 들려오는[聽] 말들[說]
근거 없이 거리에 떠도는 뜬소문을 이르는 말.

단어의 구성은

道(도) : 길 도, 13획, 부수 : 辶　　聽(청) : 들을 청, 22획, 부수 : 耳

塗(도) : 진흙 도, 13획, 부수 : 土　　說(설) : 말씀 설, 14획, 부수 : 言

멋지게 한번 써볼까?

道	聽	塗	說

이럴때 이렇게 표현하기

"그 사람이 거액의 뇌물을 받았다는 말을 믿고 모든 사람들은 그를 비난했다.
하지만 재판과정에서 그것은 단순한 '도청도설'이었음이 밝혀졌다."

도탄지고
塗炭之苦

하(夏)나라 걸왕(桀王)은 요염한 미녀 말희(妺喜)를 사랑하여 주지육림(酒池肉林)속에 살면서 포악한 정치를 펴다가 은(殷)나라를 세운 탕왕(湯王)에게 망한다. 그러나 탕왕은 무력혁명으로 왕위를 얻은 것을 부끄럽게 생각했다.

그때 왕을 모시고 있던 중훼(仲虺)는 이렇게 고한다.

"하(夏)나라가 덕이 어두워 백성들이 도탄에 빠졌는데 하늘이 왕에게 용기와 지혜를 주시어 만방에 올바름을 나타내게 하셨으니 여기에 그 떳떳함을 따르시고 하늘의 명을 받들어 따라야 하나이다."

또 남북조시대 전진(前秦)의 국왕 부견(符堅)이 후연(後燕)과 후진(後秦)의 침략으로 죽자, 부견의 아들 부비(符丕)가 황제가 되어 전진의 각지에 다음과 같은 격문을 보내 후진과 후연을 응징하자고 주장했다.

"선제는 도적에게 붙잡히고 수도 장안은 야만인들의 소굴이 되었다. 나라도 황폐하여 백성은 도탄에 빠져있다."

도탄지고는 위의 두 이야기에서 유래가 되었는데 진흙 수렁에 빠지고 숯불에 타는 듯한 고통이란 뜻으로 가혹한 정치에 시달리는 백성들의 어려움을 가리키는 말이다. 이는 정권교체를 시도하는 쪽에서 천명사상을 내세워 정권을 무너뜨리려 할 때마다 자주 쓰던 말이다.

塗炭之苦

진흙구덩이[塗]에 빠지고 숯불[炭]에 타는 고통[苦]

진흙 수렁에 빠지고 숯불에 타는 듯한 고통이란 뜻으로, 학정에 시달리는 백성들의 어려움을 가리키는 말.

단어의 구성은

塗(도) : 진흙 도, 13획, 부수 : 土   炭(탄) : 숯 탄, 9획, 부수 : 火

之(지) : 갈 지, 4획, 부수 : 丿   苦(고) : 쓸 고, 9획, 부수 : 艹

멋지게 한번 써볼까?

塗	炭	之	苦

이럴때 이렇게 표현하기

"지금 정부는 경제 위기를 수습하여
국민들이 도탄지고에 빠지지 않도록 해야 한다."

전국시대 오나라의 오자서(伍子胥)는 아버지와 형이 역적의 누명을 쓰고 죽음에 이르자 갖은 고생 끝에 초나라를 도망쳐 오나라로 망명한 인물이다. 오자서는 오나라의 공자 광(光)이 왕이 되려는 야심을 가지고 있음을 알고 그에게 자객 전저(專諸)를 소개해 주었다. 광은 전저를 시켜 오왕 요(僚)를 죽이고 왕위에 올랐는데, 그가 바로 춘추오패의 한 사람인 합려(闔廬)이다.

합려는 오자서를 대부로 임명하고 더불어 국사를 논했다. 마침 그때 비무기(費無忌)의 모함으로 초나라의 대신 백주리(伯州犁) 부자가 주살을 당하자 손자인 백비(伯嚭)가 오나라로 망명해 왔다. 오자서는 합려에게 그를 추천했고, 합려는 백비를 대부에 임명했다. 합려는 백비를 환영하는 연회를 베풀었는데, 백비를 탐탁하지 않게 생각하던 대부 피리(被離)가 오자서에게 말했다.

"백비의 눈길은 매와 같고 걸음걸이는 호랑이와 같으니, 눈 하나 깜짝하지 않고 살인을 저지를 성품입니다. 친하게 지내서는 안 됩니다."

오자서가 대답했다.

"그것은 그와 내가 같은 원한을 지니고 있기 때문입니다. '같은 병

을 앓으니 서로 불쌍히 여기고, 같은 걱정이 있으니 서로 구해 주네.'
라는 말이 있듯이 나와 처지가 비슷한 백비를 돕는 것은 인지상정 아
니겠소?"

이처럼 오자서는 백비를 도와주었지만, 훗날 백비는 월나라에 매수
당해 오나라 멸망의 결정적인 원인을 제공했으며, 오자서는 백비의
모함에 빠져 억울하게 죽고 말았다.

同病相憐

같은[同] 병을[病] 앓아 서로[相] 불쌍히[憐] 여김

같은 병을 앓는 사람끼리 서로 가엾게 여긴다는 뜻
으로, 어려운 처지에 있는 사람끼리 서로 동정하고
도움을 이르는 말.

단어의 구성은

同(동) : 한 가지 동, 6획, 부수 : 口   病(병) : 병 병, 10획, 부수 : 疒

相(상) : 서로 상, 9획, 부수 : 目   憐(련) : 불쌍히 여길 련, 15획, 부수 : 忄

멋지게 한번 써볼까?

同	病	相	憐

이럴때 이렇게 표현하기

"나도 이번 시험을 못 봤는데 너도 마찬가지라니, 우린 동병상련이구나."

득롱망촉
得隴望蜀

후한의 광무제는 제위에 올라 낙양을 수도로 정하고 모든 세력을 정복하였고 마지막으로 농서의 땅까지 정복하였다. 그리고 구석에 있는 촉 땅만 남기고 있을 때 광무제는 이렇게 말했다.

"인생이란 족함을 모른다. 농서를 손에 넣으니 이제 촉을 바라는구나."

광무제는 촉 땅까지 공격하여 전국의 모든 땅을 평정하고 완전한 후한을 세웠다.

또 삼국시대 조조와 유비 간에도 이 말이 쓰였다.

유비가 촉(蜀) 땅을 차지하고 조조는 한중을 석권한 뒤 농(隴)을 수중에 넣었다.

그때 명장 사마의(司馬懿)가 "지금 한중으로 들어왔으므로 유지의 익주도 떨고 있습니다. 군사를 진격시켜 이를 습격한다면 반드시 격파할 수가 있습니다."라고 조조에게 고하였다.

그러나 조조는 "인간이란 족함을 모르는 것이다. 그러나 나는 광무제가 아니다. 농(隴)을 손에 넣었으니 그 이상 촉(蜀)을 바라볼 필요가 어디 있겠는가?"말하며 거절했다.

득롱망촉이라는 말은 하나를 이루면 그다음이 욕심난다는 뜻으로 만족할 줄 모르는 인간 욕심의 속성을 드러내는 말이다.

得隴望蜀

농[隴]을 얻으니[得] 촉[蜀]을 탐냄[望]
농서 지방을 얻으니 촉 지방이 탐난다는 뜻으로, 인간의 욕심이 끝이 없음을 비유한 말.

단어의 구성은

得(득) : 얻을 득, 11획, 부수 : 彳   隴(롱) : 고개 이름 롱, 19획, 부수 : 阝
望(망) : 바랄 망, 11획, 부수 : 月   蜀(촉) : 나라 이름 촉, 13획, 부수 : 虫

멋지게 한번 써볼까?

得	隴	望	蜀

이럴때 이렇게 표현하기

"대부분의 사람들은 돈을 많이 벌면 그 돈을 보람 있게 쓸 생각을 하기 보다는 그 돈을 이용해 권력과 명예까지 얻으려고 하는 '득롱망촉'의 심리를 가지고 있다."

마부위침
磨斧爲針

당나라의 시인(詩人) 이백(李白)은 아버지와 함께 촉(蜀)나라 땅의 성도(成都)에서 자랐다. 그때 훌륭한 스승을 찾아 상의산(象宜山)에 들어가 학문을 배우는 중, 공부에 싫증이 나자 중도에 학업을 포기하고 스승에게 말도 없이 집으로 돌아가기 위해서 산에서 내려오고 말았다.

집을 향해 걷고 있던 이백이 산 아래 계곡을 흐르는 냇가에 이르렀을 때, 한 늙은이가 바위에 열심히 도끼를 갈고 있는 것을 발견했다. 그것도 시퍼렇게 날이 선 도끼를 계속 갈고 있는 것이 아니겠는가? 그는 할머니의 행동에 궁금함을 느껴 물어보았다.

"할머니, 지금 뭘 하고 계세요?"

"바늘을 만들려고 도끼를 갈고 있다"

"아니, 그렇게 큰 도끼를 갈아 과연 가는 바늘을 만들 수 있을까요?"

"중도에 그만두지만 않고 계속 갈기만 한다면 언젠가는 바늘이 되지 않겠니?"

이백은 마치 망치에 머리를 한 방 맞은 기분이었다. 특히 '중도에 그만두지 않고 계속한다.'는 말이 그의 가슴을 때렸다. 할머니의 대답에 크게 감명을 받은 이백은 집으로 돌아가려던 발걸음을 돌려서 다시 산으로 들어갔다.

그는 도끼를 갈아서 바늘을 만드는 자세로 열심히 노력하여 학문의 완성을 이루었다.

우리는 누구나 희망을 이야기하고 미래를 꿈꾼다. 그러나 그것을 이루는 길에 대해서는 막연하다. 물론 정답은 없다. 하지만 중요한 것은 중단하지 않는다면 가능하다는 것이다.

磨斧爲針

도끼[斧]를 갈아[磨] 바늘[針]을 만들어냄[爲]
도끼를 갈아서 바늘을 만든다는 뜻으로, 아무리 어려운 일이라도 끊임없이 노력하면 반드시 이룰 수 있음을 이르는 말.

단어의 구성은

磨(마) : 갈 마, 16획, 부수 : 石　　　斧(부) : 도끼 부, 8획, 부수 : 斤
爲(위) : 할 위, 12획, 부수 : 爫　　　針(침) : 바늘 침, 10획, 부수 : 金

멋지게 한번 써볼까?

磨	斧	爲	針

이럴때 이렇게 표현하기

"어떤 인생의 목표가 정해졌다면 '마부위침'의 마음가짐이 필요하다."

마이동풍
馬耳東風

　말의 귀에 동풍이 불어도 말은 아랑곳하지 않는다는 뜻으로, 이백(李白)의 시에서 따온 말이다.

　이백의 친구 중에 왕십이(王十二)라는 이가 있었다. 오래전부터 중국은 문(文)보다는 무(武)를 숭상했으므로 이백과 같은 이는 문장가로서 울분을 느낄 수밖에 없었다. 이백은 온갖 시름을 떨치고자 친구 왕십이에게 편지를 썼다.

　"지금은 투계의 기술에 능한 자가 군왕의 총애를 받고 있는 때이네. 그들이 두 팔을 내젓고 활보하고 돌아다니는 곁에는 오랑캐의 침공에 공을 세워 충신인 것처럼 의기양양해 돌아다니는 자들이 있네. 자네나 나나 그런 자들을 흉내 낼 수는 없지 않은가. 이렇듯 북창에 기대어 시를 짓고 노래나 불러보세. 아무리 글이 둘도 없이 빼어나도 그것은 냉수 한 잔의 값어치가 없다네. 세상 사람들은 이를 듣고 고개를 내젓지 않는가. 마치 동풍이 말의 귀를 스치고 가는 것이 아니고 무엇이겠는가.

馬耳東風

.
.
.

馬耳東風

말[馬] 귀[耳]에 동풍[東][風]

말의 귀에 동풍이 불어도 말은 아랑곳하지 않는다는 뜻으로, '남의 말에 귀 기울이지 않고 그냥 지나쳐 흘려버림'을 이르는 말.

단어의 구성은

馬(마) : 말 마, 10획, 부수 : 馬   耳(이) : 귀 이, 6획, 부수 : 耳

東(동) : 동녘 동, 8획, 부수 : 木   風(풍) : 바람 풍, 9획, 부수 : 風

멋지게 한번 써볼까?

馬	耳	東	風

이럴때 이렇게 표현하기

"아무리 논리적으로 이야기를 해 주어도 고집이 센 사람은 '마이동풍'일 뿐이다.
그런 사람들은 대부분
실패한 후에야 남의 말을 귀담아듣지 않은 것을 후회한다."

만사휴의
萬事休矣

당나라가 황소의 난으로 멸망한 후 송(宋)나라가 건국될 때까지 50여 년간(907~960) 황하유역에는 후량(後梁), 후당(後唐), 후진(後晉), 후한(後漢), 후주(後周) 등 5국이, 화남지역에는 오(吳), 형남(荊南), 전촉(前蜀), 초(楚), 오월(吳越), 민(閩), 후촉(後蜀), 북한(北漢), 남한(南漢), 남당(南唐) 등 10국이 난립하여 각축을 벌이고 있었다(5代10國 시대). 그중에 형남은 절도사 고계흥(高季興)이 세운 나라이다. 고계흥의 아들 2대왕 종회에게는 열 명의 아들이 있었는데, 그의 막내아들 보욱은 형(3대왕 보융)의 뒤를 이어 보위(4대왕)에 오른다.

그런데 어려서부터 병약했던 보욱은 종회로부터 도가 지나칠 정도로 맹목적인 사랑을 받으며 자랐고, 당연히 성품도 안하무인격이었다. 보욱은 다른 사람이 자기를 꾸짖으며 노려보아도 그저 귀엽게 여기는 줄만 알았다. 이 소식을 전해들은 형남 사람들은 '이제 모든 것이 끝났구나.'라고 말하며 탄식했다고 한다.

결국, 보욱이 왕위에 오르자 그의 사치와 음탕으로 정치는 문란해지고 국력은 쇠퇴해져 형남 사람들의 말처럼 멸망하고 말았다.

이렇듯 만사휴의는 도무지 대책을 세울 방법이 없을 정도로 일이 틀어졌을 때 체념하듯 내뱉는 말로 쓰였다.

萬事休矣

모든[萬] 일[事]이 끝장[休]이다.
모든 일이 절망 상태에 있음을 이르는 말이다.

단어의 구성은

萬(만) : 일만 만, 13획, 부수 : 艹   事(사) : 일 사, 8획, 부수 : 亅

休(휴) : 쉴 휴, 6획, 부수 : 亻   矣(의) : 어조사 의, 7획, 부수 : 矢

멋지게 한번 써볼까?

萬	事	休	矣

이럴때 이렇게 표현하기

"많은 사람들은 사업을 하거나 투자를 하다가 실패하여 돈을 잃거나, 혹은 권력이나 명예를 잃으면 '만사휴의'라 생각하고 절망에 빠지고 만다."

麥秀之嘆

고대 중국 은나라 주왕(紂王)은 폭정으로 악명을 떨친 인물로, 그에게는 세 명의 훌륭한 신하가 있었다.

그러나 주왕은 어진 세 신하의 간절한 충언을 듣지 않았다.

미자(微子)는 주왕의 이복형으로 아무리 충언을 해도 주왕이 듣지 않자 국외로 망명 하였다. 기자(箕子)는 주왕에게 간곡한 충고를 했으나 주왕이 들어주지 않자 거짓으로 미친 사람 행세를 하며 남의 집 종이 되면서 숨어 살았다. 비간(比干)은 왕의 잘못된 행동을 지적하다가 능지처참을 당했다. 이리하여 은나라는 결국 망하고 주나라가 세워지게 되었다.

세월이 흘러 기자는 주나라로 가던 중 옛 은나라의 도읍을 지나게 되었다.

기자는 흔적도 없이 황폐해진 궁궐 자리에 보리와 잡초만이 무성하게 자라고 있는 것을 보고 지난날의 감회에 젖어 시를 지어 읊었다.

"옛 궁궐터에는 보리만이 무성하고 벼와 기장도 기름졌구나.

주왕이 내 말을 듣지 않았기에 슬프도다."

麥秀之嘆

보리[麥]가 무성히[秀] 자란 것에 대한 한탄[嘆]

조국이 망한 것을 한탄함. 기자(箕子)가 그의 조국인 은(殷)나라가 멸망한 뒤에도 보리만은 잘 자라는 것을 보고 한탄했다는 고사에서 유래했다.

단어의 구성은

麥(맥) : 보리 맥, 11획, 부수 : 麥

秀(수) : 빼어날 수, 7획, 부수 : 禾

之(지) : 갈 지, 4획, 부수 : 丿

嘆(탄) : 탄식할 탄, 15획, 부수 : 欠

멋지게 한번 써볼까?

麥	秀	之	嘆

이럴때 이렇게 표현하기

"저 집이 옛날 아버지가 사시고 내가 태어난 집인데, 지금은 폐허가 되었구나. 갈수록 피폐해지는 우리 농촌의 현실에 '맥수지탄'을 금할 수가 없구나."

노나라에 올자(兀者)라는 형벌로 발뒤꿈치가 잘린 왕태(王駘)라는 사람이 있었는데 학식과 덕행으로 워낙 평판이 좋아서 그의 주위에는 많은 제자들이 모여들었다.

이것을 본 공자의 제자 상계(常季)가 특출한 면도 없는 왕태에게 사람이 많이 모여드는 이유를 물었다. 그러자 공자는 이렇게 답했다.

"사람은 흐르는 물로 거울을 삼는 일이 없다. 그쳐 있는 물로 얼굴을 비춰볼 수 있다. 왕태의 마음은 그쳐있는 물처럼 조용하기 때문에 사람들은 그를 거울삼아 모여들고 있는 것이다. 그에게서 마음의 평안을 얻기 때문이다."

또한 『장자(莊子)』의 '제왕편(應帝王篇)'에는 다음과 같은 말이 있다.

"덕이 높은 사람의 마음가짐은 환한 거울에 비유할 수 있는 것이다. 명경(거울)은 사물이 오고 감에 내맡긴 채 자신의 뜻을 나타내지 않는다. 미인이 오면 미인을 비추고 추한 여인이 오면 추한 여인을 비추기 마련이다. 그러므로 얼마든지 물건을 비추어도 본래의 맑음을 상하게 하지 않는다."

명경지수란 본래 무위(無爲)의 경지를 가리키는 철학적 개념이었으나 훗날 그 뜻이 변하여 맑고 깨끗한 마음을 뜻하는 말이 되었다.

明鏡止水

맑은[明] 거울[鏡]과 고요한[止] 물[水]

맑은 거울과 고요한 물처럼 잡념과 허욕이 없는 깨끗한 마음을 비유적으로 이르는 말.

단어의 구성은

明(명) : 밝을 명, 8획, 부수 : 日   鏡(경) : 거울 경, 19획, 부수 : 金

止(지) : 그칠 지, 4획, 부수 : 止   水(수) : 물 수, 4획, 부수 : 水

멋지게 한번 써볼까?

明	鏡	止	水

이럴때 이렇게 표현하기

"마음이 '명경지수'와 같아야 비로소 참된 행복과 삶의 지혜를 얻을 수가 있다."

명철보신

明哲保身

은나라 무정(武丁)이 부왕인 소을(少乙)에 이어 국왕이 된 뒤, 열(說)이라는 현자를 발탁하여 보좌로 삼고 선정을 펴서 백성들에게 존경을받았다. 이 무정에 대해 군신이 일제히 올린 말이 있다.

"천하의 사리에 통하고 무리에 앞서 가는 것을 명철(明哲)이라고 합니다. 명철한 사람은 진정 정치 도덕의 법을 정하는 분입니다."

또한 주나라 때의 명재상 중산보(仲山甫)가 선왕의 명을 받고 제나라로 성을 쌓으러 갈 때 사람들은 그를 이렇게 칭찬했다.
"중산보는 이치에 밝고 능숙한 자이니 자기 몸을 무사히 보전할 것이다."

명철(明哲)이란 '천하의 사리에 통하고 누구보다도 앞서 깨닫는 사람'을 뜻하며, 보신(保身)이란 '나오고 물러남에 있어 이치에 밝고 분별력이 있어 적절한 행동으로 자신을 보전한다'는 뜻이다.
그러므로 명철보신은 일을 잘 처리하고 지혜로운 처신으로 몸을 보전함을 가리키는 말이다.

明哲保身

명철[明][哲]하여 일신[身]을 보전[保]함

총명하고 사리에 밝아서 일을 잘 처리하여 일신을
잘 보전함.

단어의 구성은

明(명) : 밝을 명, 8획, 부수 : 日　　　哲(철) : 밝을 철, 10획, 부수 : 口

保(보) : 보전할 보, 9획, 부수 : 亻　　身(신) : 몸 신, 7획, 부수 : 身

멋지게 한번 써볼까?

明	哲	保	身

이럴때 이렇게 표현하기

"그 친구는 명철보신하기 때문에 함부로 나서지 않고
상황을 지켜보면서 때를 기다릴 것이다."

목불식정
目不識丁

당나라 때에 장홍정(張弘靖)이라는 자는 부모 덕택에 벼슬길에 오른 인물이다. 그의 부친 장연상(張延賞)은 조정에 끼친 공이 컸으므로 그의 자식은 벼슬길이 순탄하게 열렸다.

장홍정이 초년에 노룡(盧龍)의 절도사로 나갔을 때였다.

이 무렵 황하 이북의 전선에는 장군이나 병사가 한 무리를 이루어 생활하고 있었다. 아무리 장군이라도 특별히, 좋은 잠자리에 들거나 기름진 음식을 먹지 않았다. 사병들과 똑같은 조건에서 생활했다. 그런데 장홍정이 절도사로 부임해온 뒤부터는 기름진 음식을 먹고 야외로 사냥을 나갔으며 술에 취하면 사병들을 괴롭혔다.

자신에 대해 여러 말을 하는 것을 장홍정은 비웃으면서 이렇게 말했다.

"지금 천하는 태평천국인데 너희들은 밤낮으로 창과 활을 들고 있으니 글자를 모르는 목불식정이 아니고 무엇이란 말인가."

마침내 사람들은 분노했다. 유주로 순찰을 나갔을 때 부하들이 반란을 일으키고 황제는 그를 감금시킨 후 이렇게 말했다.

"그놈이야말로 목불식정이로구나."

배울 만큼 배웠으면서도 무식한 행동을 하는 것은 실제로 모르고 무식하게 행동하는 것 보다 더 나쁘다.

目不識丁

쉬운 글자인 정[丁]자를 보고도[目] 알지[識]를 못함[不]
한자 중에서 쉬운 글자인 고무래 정자(丁字)도 알아보지 못한다는 뜻으로, 한 글자도 읽을 수 없을 정도로 아는 것이 없음을 비유적으로 이르는 말.

단어의 구성은

目(목) : 눈 목, 5획, 부수 : 目   不(불) : 아닐 불, 4획, 부수 : 一
識(식) : 알 식, 19획, 부수 : 言   丁(정) : 고무래 정, 2획, 부수 : 一

멋지게 한번 써볼까?

이럴때 이렇게 표현하기

"우리 할머니는 한글을 배우지 못한 목불식정의 문맹이었는데도 생활하시는 데 불편함이 없으셨고 말씀도 잘하셔서 주위 친구들에게 부러움의 대상이 되었다."

무실역행

務實力行

도산 안창호 선생이 민족의 정신적 지표로 내세운 사상으로 '무실(務實)'이란 '실(實, 거짓 없이 진실하고 성실한 것)'을 힘쓰자(實)는 뜻이고, '역행(力行)'은 '행(行)'을 힘쓰자는 것이다.

우리 민족이 스스로의 힘으로 나라를 지키고 깨어나는 길은 자아혁신·자기개조를 통하여 민족혁신·민족개조를 이루는 데 있다고 믿은 안창호는 자신이 설립, 조직한 대성학교, 청년학우회, 흥사단 등을 통하여 이러한 '무실역행' 사상을 널리 보급하고자 하였다.

안창호는 스스로 행함에 있어 작은 일에나 큰일에나 성심을 다할 것을 강조하고, 표리부동과 모략중상을 극도로 경계하였으며, 스스로도 지행합일의 모범을 보이고자 하였다.

이러한 정신은 1909년에 조직된 청년학우회의 4대 정신에도 나타나 있는데, '무실·역행·충의·용감'의 정신이 바로 그것이다.

우리의 생각과 말과 행동에 거짓이 없고 참된 것이 무실이기 때문에 참의 정신, 참의 실천, 참의 도덕으로 우리 민족을 교육하여 갱생시키고자 하였다.

務實力行   성실히[實] 힘[務]쓰고, 힘써[力] 행함[行]
성실히 실속 있도록 힘써 실행함.

단어의 구성은

務(무) : 힘쓸 무, 11획, 부수 : 力   實(실) : 열매 실, 14획, 부수 : 宀

力(역) : 힘 력(역), 2획, 부수 : 力   行(행) : 갈 행, 6획, 부수 : 行

멋지게 한번 써볼까?

務	實	力	行

이럴때 이렇게 표현하기

"도산 안창호는 독립운동 조직인 신민회를 조직하고 무실역행을 강조한 항일 운동가로 알려져 있다."

刎頸之交

전국시대의 강국인 진나라의 소양왕(昭襄王)은 조나라 혜문왕(惠文王)이 가지고 있던 화씨지벽(和氏之璧)이라는 천하의 명옥을 탐냈다.

그래서 그는 진나라의 성 15개를 주겠으니 바꾸자고 말하고 보물을 손에 넣더니 차일피일 미루며 성을 주지 않았다. 그때 조나라 인상여(藺相如)는 꾀를 내어 구슬의 흠이 있음을 가르쳐 주겠다는 핑계로 진나라로 가서 구슬을 찾아왔다. 그 후에도 인상여는 진나라와 조나라의 회동에서도 큰 공을 세워 혜문왕의 신하 중 명장인 염파(廉頗)보다 더 높은 관직인 상경(上卿)에 임명되었다. 염파는 이에 분개하였고 인상여를 만나게 되면 모욕을 주려고 했다.

인상여는 염파의 눈치를 보며 그를 만나지 않고 조정에 나갈 때도 염파와 부딪치는 것을 가능한 피해 다녔다고 한다. 자기의 주인이 이렇게 못난 짓을 하는 것에 수치심을 느낀 부하들이 떠나려 하자 인상여는 말했다.

"진나라 소양왕은 염파보다 무서운 상대다. 그런 진왕마저 질책한 내가 염파가 두려워 피하겠느냐? 진나라가 우리를 두려워하는 것은 나와 염파가 있기 때문인데 우리 둘이 만나 싸운다면 안 될 일이다."

이 말을 전해들은 염파는 자기의 행동을 크게 부끄러워하며 인상여의 집을 찾아가 화해했고 두 사람은 목을 베어도 변치 않는 돈독한 우정인 '문경지교'를 맹세했다.

刎頸之交

목[頸]이 잘려도[刎] 여한이 없을 만큼의 벗[交]

벗을 위해서라면 대신 목이 잘려도 여한이 없을 만큼 친밀한 사이를 이르는 말.

단어의 구성은

刎(문) : 목 벨 문, 6획, 부수 : 刂　　頸(경) : 목 경, 16획, 부수 : 頁
之(지) : 갈 지, 4획, 부수 : 丿　　交(교) : 사귈 교, 6획, 부수 : 亠

멋지게 한번 써볼까?

刎	頸	之	交

이럴때 이렇게 표현하기

"평생에 '문경지교'로 맺어진 친구 셋을 가지고 있다면,
그 사람은 성공한 삶을 살았다고 해도 과언이 아닐 것이다."

후한(後漢)의 애제(哀帝)는 어린 나이로 제위에 올랐으나 실권은 외척들의 손에 있었고 애제는 황제라는 빈자리만 지키다 7년 만에 죽음을 맞이했다.

그러나 그에게도 자신을 받들고 정치를 바로 잡으려고 애쓴 신하가 있었으니 바로 정숭(鄭崇)이었다. 정숭은 외척들의 전횡을 자주 애제에게 건의했으나 애제는 차츰 그런 정숭을 멀리했다. 애제와 정숭의 벌어진 사이를 보고 그를 미워하는 상서령 조창(趙昌)이 애제에게 모함을 하게 되었다.

"정숭은 왕실의 여러 사람과 내왕이 빈번하여 무슨 음모가 있는 것 같으니 취조해 보시기 바랍니다."

조창의 말을 그대로 믿은 애제는 정숭을 불러 문책하기를 "그대의 집 문전에는 사람이 시장 바닥 같다던데 무슨 음모를 꾸미려는 것이냐?"라고 하자 정숭은 이렇게 답했다. "신의 문전은 시장 바닥 같아도 신의 마음은 물처럼 맑습니다."

그러나 애제는 황제의 말에 대꾸했다며 평소 눈엣가시였던 정숭을 옥에 가두었다.

어리석은 애제는 충신을 죽이고 한나라의 멸망을 재촉했던 것이다.

문전성시는 이후 고위공직자가 사람을 끌어들여 뇌물을 받거나 패거리를 만드는 행위를 경계하는 말로 쓰이지만, 혼잡하게 붐비는 상황을 뜻하기도 한다.

門前成市

문[門] 앞[前]에 시장[市]을 이룸[成]

문 앞에 저자를 이룬다는 뜻으로, 찾아오는 사람이 많음을 비유적으로 이르는 말.

단어의 구성은

門(문) : 문 문, 8획, 부수 : 門   前(전) : 앞 전, 9획, 부수 : 刂

成(성) : 이룰 성, 7획, 부수 : 戈   市(시) : 저자 시, 5획, 부수 : 巾

멋지게 한번 써볼까?

門	前	成	市

이럴때 이렇게 표현하기

"그 떡집은 언제나 많은 사람들로 문전성시를 이룬다."

미생지신
尾生之信

춘추시대 노나라에 미생(尾生)이라는 사람이 있었는데 그는 매우 정직한 사람이어서 남과의 약속은 무슨 일이 있어도 꼭 지키는 사람이었다.

어느 날 그는 사랑하는 여인과 개울의 다리 밑에서 만나기로 약속을 했다.

그는 약속한 시간이 되자 그녀를 만나기 위해 약속 장소로 갔다. 그런데 미생이 아무리 기다려도 그 여자는 오지 않았다. 한편 미생이 여자를 기다리는 동안 갑자기 내린 소나기로 인해 개울물이 점점 불어나기 시작했다.

처음에는 무릎, 다음에는 배, 그다음에는 목까지 물이 차올라왔으나 미생은 약속을 지킬 것이라는 믿음만으로 그 자리를 떠나지 않고 있다가 결국 교각을 끌어안고 죽고 말았다.

전국시대의 종횡가(縱橫家)로 이름이 난 소진(蘇秦)은 미생지신을 자신의 신의를 강조하는 예로 들기도 했으나 장자(莊子)는 공자와 대화를 나누는 도척의 입을 빌려 미생의 융통성 없고 어리석음을 다음과 같이 반박했다.

"쓸데없는 명분에 빠져 소중한 목숨을 가볍게 여기는 인간은 진정한 삶의 길을 모르는 사람이다."

결국 미생지신은 신의라기보다는 어리석은 신념을 뜻하는 말로 널리 쓰이게 되었다.

尾生之信

미생[尾][生]의 믿음[信]
융통성이 없이 약속만을 굳게 지키는 것을 이르는 말.

단어의 구성은

尾(미) : 꼬리 미, 7획, 부수 : 尸   生(생) : 날 생, 5획, 부수 : 生
之(지) : 갈 지, 4획, 부수 : 丿   信(신) : 믿을 신, 9획, 부수 : 亻

멋지게 한번 써볼까?

尾	生	之	信

이럴때 이렇게 표현하기

"그 친구와 함께 사업을 하겠다는 너의 계획에 전적으로 찬성해.
그 친구는 '미생지신'을 가지고 있으니 적어도 너를 배신하지는 않을 거야."

오래전에 중국에는 하(夏)나라가 있었다. 이때의 국왕은 치수사업(홍수나 가뭄의 피해를 막기 위해 수리 시설을 세움)에 큰 공을 세운 우(禹) 임금이다.

어느 날 제후 유호(有扈)가 배신하여 대거 병사를 이끌고 침범하자 우 임금은 자신의 아들 백계(伯啓)로 하여금 막게 하였다. 그러나 이 싸움은 어이가 없게도 백계의 대패로 막을 내렸다.

이에 백계의 부하들은 "승복할 수 없습니다. 다시 한 번 싸워 승리하겠습니다."라며 다시 한 번 싸울 것을 강력히 주장하였으나 백계는 고개를 저으며 말했다.

"다시 싸울 필요는 없다. 나의 근거지는 그의 것에 비하여 작지 않고 병사의 수도 부족하지 않는데 우리가 패했다. 이것은 결코 우연이 아니다. 아무래도 내 덕행이 부족하여 부하들을 가르치는 것에 소홀함이 있었을 것이다. 나 자신으로부터 원인을 찾아야겠다." 백계는 이때부터 뜻을 세워 남의 것을 탐하지 않았으며 백성을 사랑하고 덕을 품은 사람을 존중하였다. 이렇게 1년의 시간이 지나자 이 같은 사실을 알게 된 유호는 더는 침범할 마음을 갖지 못했다.

이 고사 이후 사람들은 어떤 문제가 발생할 경우 남을 탓하기에 앞서 자신의 결점부터 찾아 고치려고 노력하는 것을 가리켜 '반구제기(反求諸己)'라 말하게 됐다고 한다.

맹자(孟子)는 이런 글을 남기기도 했다.

"내가 남을 사랑하는데도 그가 나를 친애하지 않으면 나의 사랑에 부족함이 없는지 스스로 반성해야 하고, 내가 사람을 다스리는데 잘 다스려지지 않는다면 나의 지혜가 부족하지 않았는지 스스로 반성해 봐야 하며, 내가 남에게 예를 다했음에도 그가 나에게 예로 답하지 않으면 나의 공경에 부족함이 없는지를 반성해야 한다."

反求諸己

돌이켜[反] 모든[諸] 원인을 자기[己]에게서 찾음[求]

화살이 적중하지 않았을 때 자기에게서 원인을 찾는다는 뜻으로, 어떤 일이 잘못되었을 때 남을 탓하지 않고 자기의 자세와 실력을 탓함을 이르는 말.

단어의 구성은

反(반) : 돌이킬 반, 4획, 부수 : 又　　求(구) : 구할 구, 7획, 부수 : 氺

諸(제) : 모든 제, 16획, 부수 : 言　　己(기) : 몸 기, 3획, 부수 : 己

멋지게 한번 써볼까?

| 反 | 求 | 諸 | 己 |

이럴때 이렇게 표현하기

"불출마 선언을 한 그는 '이제 저의 부덕함을 자책하면서 저에 대한 비난을 겸허히 받아들이며 반구제기의 심정으로 물러나고자 한다.'라고 덧붙였다."

발본색원
拔本塞源

발본색원은 나무를 뿌리째 뽑고 물의 근원을 없앤다는 뜻으로 폐단의 근본 원인을 모조리 없앤다는 말이다. 보통, 나라를 망치는 폐단을 뿌리째 뽑아야 한다는 뜻으로 사용되는 말이다.

명나라 때의 성리학자인 왕양명(王陽明)은 발본색원을 모름지기 하늘의 이치를 깨닫고, 지니고 있는 욕심을 버리라는 의미로 사용하였다. 그런가 하면 『사기열전(史記列傳)』에서는 "대체로 하늘은 사람의 시초며 부모는 사람의 근본이다. 그러므로 사람은 궁하면 당연히 근본으로 돌아가게 된다. 그런 까닭에 괴롭고 피곤하면 하늘을 부르지 않는 자가 없다."고 하였다.

발본색원이라는 말은 보다 큰 이치를 깨달아야 함을 의미하기도 하지만, 보통은 부정부패 척결이나 범죄조직 소탕을 대상으로 많이 쓰인다.

118

拔本塞源

. . .

拔本塞源

뿌리[本]를 뽑고[拔] 근원[源]을 막아버림[塞]
좋지 않은 일의 근본이 되는 요소를 완전히 없애 버림.

단어의 구성은

拔(발) : 뺄 발, 8획, 부수 : 扌   本(본) : 밑 본, 5획, 부수 : 木

塞(색) : 막힐 색, 13획, 부수 : 土   源(원) : 근원 원, 13획, 부수 : 氵

멋지게 한번 써볼까?

拔	本	塞	源

이럴때 이렇게 표현하기

"새로운 정권이 들어설 때마다 부정부패를 '발본색원'하겠다고 공언하였지만,
수십 년이 지난 지금도 부정부패는 여전히 만연해 있다."

방약무인
傍若無人

곁에 사람이 없다는 뜻으로, 마치 제 세상인 것처럼 거리낌 없이 함부로 말하거나 행동함을 이르는 말이다.

위나라에 형가(荊軻)라는 사람은 무예와 문학에 뛰어났으며, 술을 좋아해 여러 나라의 현인, 호걸들과 많은 친교를 맺고 있었다. 그러나 그는 고국에서 뜻을 얻지 못하여, 여러 나라를 전전하다가 연나라에 와 있었다.

연나라에는 그의 친구인 축(筑, 비파와 비슷한 현악기)의 명수 고점리(高漸離)가 있었다. 둘이 만나면 고점리는 축을 연주하고, 형가는 노래를 부르며 울기도 웃기도 하면서, 마치 그 행동은 곁에 아무도 없는 것 같이 보였다고 한다.

형가의 '방약무인'은 세상을 등진 입장에서 주위 사람들의 시선을 의식하거나 체면에 구애받을 필요가 없기에 나온 행위로 일종의 자유분방함 혹은 자포자기였던 것이다.

'방약무인'이란 말은 아무 거리낌 없이 말하거나 행동하는 태도를

120

말하였는데, 그 뜻이 변해서 지금은 무례하거나 교만한 태도를 지칭할 때 쓰이고 있다.

傍若無人

주변[傍]에 사람[人]이 없는[無] 것과 같음[若]

마치 제 세상인 것처럼 거리낌 없이 함부로 말하거나 행동함을 이르는 말.

단어의 구성은

傍(방) : 곁 방, 12획, 부수 : 亻　　若(약) : 같을 약, 9획, 부수 : 艹

無(무) : 없을 무, 12획, 부수 : 灬　　人(인) : 사람 인, 2획, 부수 : 人

멋지게 한번 써볼까?

傍	若	無	人

이럴때 이렇게 표현하기

"그가 방약무인한 삶을 살게 된 이유는 부모님이 원하는 것이면
뭐든지 다 해주었던 어릴 적 가정환경 때문이야."

121

배수지진
背水之陣

한나라 고조가 제위에 오르기 2년 전, 한나라 군을 이끌던 한신(韓信)은 위나라를 격파한 여세를 몰아 조나라로 진격했다. 일만의 군대는 강을 등지고 진을 쳤고 주력부대는 성문 가까이 공격해 들어갔다.

한신은 적이 성에서 나오자 패배를 가장하여 배수진까지 퇴각하게 했고, 한편으로 조나라 군대가 성을 비우고 추격해 올 때 매복병을 시켜 성 안으로 잠입, 조나라기를 뽑고 한나라 깃발을 세우게 했다. 물을 등지고 진을 친 한신의 군대는 죽기 아니면 살기로 결사 항전을 하니 초나라 군대는 퇴각할 수밖에 없었다. 싸움이 끝나고 축하연이 벌어졌을 때 부장들이 한신에게 물었다.

"병법에는 산을 등지고 물을 앞에 두고서 싸우라고 했는데 어찌 물을 등지고 싸워 승리를 할 생각을 하셨습니까?"

이에 한신은 이렇게 대답했다.

"이것도 병법의 한 수로 병서에 자신을 사지에 몰아넣음으로써 살길을 찾을 수가 있다고 했소. 우리 군은 원정을 계속하여 보강한 군사들이 대부분이니 이들을 생지에 두었다면 그냥 흩어져 달아나 버렸을 것이오. 그래서 사지에다 몰아넣은 것뿐이오."

이를 들은 모든 장수들이 감탄했다고 한다. 이로써 배수진을 친다는 것은 더 이상 물러날 곳 없는 결사항전을 뜻하게 된 것이다.

背水之陣

물[水]을 등지고[背] 진[陣]을 펼침

어떤 일을 성취하기 위하여 더 이상 물러설 수 없음을 비유적으로 이르는 말.

단어의 구성은

背(배) : 등 배, 9획, 부수 : 月　　水(수) : 물 수, 4획, 부수 : 水

之(지) : 갈 지, 4획, 부수 : 丿　　陣(진) : 진칠 진, 10획, 부수 : 阝

멋지게 한번 써볼까?

背	水	之	陣

이럴때 이렇게 표현하기

"하는 일에 어려움과 고통이 따르겠지만, 배수지진의 각오로 임한다면 극복하지 못할 것도 없을 거야."

백년하청
百年河淸

춘추시대 때 정(鄭)나라가 초(楚)나라의 속국인 채(蔡)나라를 공격하자 초나라도 정나라를 공격할 준비를 하게 되었고 정나라는 존망의 위기에 처해 있었다. 이때 정나라에서는 두 가지 주장이 대립되고 있었는데 진나라에 구원병을 청하자는 주장과 초나라와 강화를 해야 한다는 주장이 팽팽하게 대립하고 있었다.

이때 자사(子駟)가 말했다.

"인생은 짧기 때문에 황하의 흐린 물이 맑아지기를 평생 기다려도 소용없다는 시가 있습니다. 계책이란 것은 많으면 많을수록 오히려 목적달성에는 방해만 되는 것입니다. 우선은 초나라에 항복하고 나중에 진나라 군대가 오면 그때 가서 그들을 따르면 됩니다."

이 말은 진나라의 구원병을 기다리는 것은 황하가 맑아지기를 기다리는 것과 같다는 뜻이며, 약소국가 지도자로서 지극히 현실주의적인 발언을 한 것이다. 결국 정나라는 초나라와 화평을 맺고 위기를 넘겼다고 한다.

백년을 기다려야 황하는 맑아지니 아무리 기다려도 소용없다는 뜻의 백년하청은 안 될 것은 안 된다는 뜻이다.

百年河淸

백년[百][年]에 한 번 황하[河]가 맑아짐[淸]

황하의 물이 백 년에 한 번 맑아진다는 것으로 아무리 기다려도 실현 가능성이 없는 일을 뜻하는 말.

단어의 구성은

百(백) : 일백 백, 6획, 부수 : 白　　　年(년) : 해 년, 6획, 부수 : 干

河(하) : 강 이름 하, 8획, 부수 : 氵　　淸(청) : 맑을 청, 11획, 부수 : 氵

멋지게 한번 써볼까?

百	年	河	淸

이럴때 이렇게 표현하기

"예산 타령으로 교육정책에 손을 대지 못한다면
산적된 교육 문제의 해결은 백년하청이 될 수밖에 없다."

백절불요

百折不撓

후한(後漢) 때 교현(喬玄)이라는 사람은 청렴하고 강직했으며, 항상 그릇된 일들과 맞서 싸웠다. 젊은 시절 현에서 근무할 때 외척 양기(梁冀)의 비호를 받던 진왕(陳王)의 상국(相國) 양창(羊昌)의 죄를 적발한 적이 있으며, 한양(漢陽) 태수로 있을 때는 상규(上邽) 현령 황보정(皇甫禎)이 횡령죄를 범하자 즉각 사형에 처한 일도 있었다. 교현은 영제(靈帝) 때 상서령이 되었는데, 태중대부 개승(蓋升)이 황제와 가깝다는 것을 믿고 백성들을 착취한 사실을 적발하여 처벌하도록 상소하였으나 받아들여지지 않자 병을 핑계로 사직하였다. 그 후 영제가 태위(太尉) 벼슬을 내렸으나 끝내 받아들이지 않았다.

하루는 교현의 열 살 난 아들이 강도들에게 붙잡혀 가는 일이 일어났다. 양구(陽球)라는 장수가 즉시 관병을 데리고 구출하러 갔지만, 교현의 아들이 다칠까 봐 강도들을 포위하고만 있을 뿐, 더 이상 손을 쓰지 못하고 있었다. 그러자 교현이 화를 내면서 소리쳤다.

"강도는 법을 무시하고 날뛰는 무리들인데 어찌 내 아들 때문에 그들을 놓아준다는 말인가." 그리고는 병사들을 다그쳐 강도들을 잡았다. 그러나 그의 아들은 강도들에게 살해되고 말았다. 사람들은 이처

126

럼 공익을 위해 사익을 버리고 악에 대항하는 교현을 높이 평가했으며 존경했다.

교현은 죽으면서까지 장례도 극히 간소하게 치러졌다. 조조도 교현의 무덤을 찾아가 제사를 지내 주었으며, 채옹(蔡邕)은 교현을 기리기 위해 '그 성격은 엄격했으며, 화려함을 미워하고 소박함을 숭상했다. 백 번 꺾일지언정 휘어지지 않았고, 큰 절개에 임하여서는 빼앗을 수 없는 풍도를 지녔다.'라는 비문을 지었다. 여기서 유래한 백절불요는 어떠한 어려움에도 좌절하지 않는 불굴의 정신을 뜻하게 되었다.

百折不撓
백번[百] 꺾여도[折] 굽히지[撓] 않음[不]
어떠한 난관에도 결코 굽히지 아니함을 뜻하는 말.

단어의 구성은

百(백) : 일백 백, 6획, 부수 : 白 　折(절) : 꺾을 절, 7획, 부수 : 扌
不(불) : 아닐 불, 4획, 부수 : 一 　撓(요) : 굽힐 요, 15획, 부수 : 扌

멋지게 한번 써볼까?

百	折	不	撓

이럴때 이렇게 표현하기

"각박한 세상에서 크게 성공하려면, 백절불요의 정신 함양이 필요하다."

부득요령
不得要領

　한무제가 흉노를 공격하기 위해 기원전 139년에 낭관 장건(張騫)을 대월지국(大月支國)에 사신으로 보냈다. 이때 길을 안내한 자는 흉노출신 감부(甘父)라는 자였는데, 그들은 흉노 땅에 들어선 지 얼마 안 되어 모두 체포돼 버렸다.

　장건은 흉노 여인과 혼인하여 두 아들을 두었으나 이래저래 세월은 10년이 지나갔다. 그러던 어느 날 기회를 틈타 수행원들과 함께 대완국(大宛國)으로 탈출했다. 대완국은 한나라와 교역하는 중이었으므로 그를 대월지국에 데려다 주었다.

　이때 대월지국에서는 왕이 흉노와의 싸움에서 죽은 직후라 새로운 왕은 대하국(大夏國)을 정복하여 그곳에 머물러 있었다. 땅은 기름지고 인심이 넉넉하여 흉노에 대한 복수는 이미 잊은 오래였다. 더구나 멀고도 먼 한나라와의 통교(通交)에는 관심조차 없었다. 장건은 소득 없이 귀국할 수밖에 없었다.

　그러나 돌아오는 길에 다시 흉노에게 잡혀 1년 남짓 머무르다가 귀국길에 올랐다. 비록 소기의 목적은 부득요령으로 끝났지만 서역 문

명을 소개한 자로서는 역사에 길이 남을 업적이었다.

'부득요령'의 '요(要)'는 허리라는 뜻의 '요(腰)'이며, '령(領)'은 목이라는 뜻으로, 관건이나 핵심을 뜻한다. 중국에서는 일반적으로 '부득요령'이라 하고 우리나라에서는 '요령부득'이라고 한다.

不得要領

요령[要][領]을 얻지[得] 못하다[不].
핵심이나 요점을 파악하거나 터득하지 못하는 것을 말한다.

단어의 구성은

不(부) : 아니 불, 4획, 부수 : 一   得(득) : 얻을 득, 11획, 부수 : 彳

要(요) : 중요할 요, 9획, 부수 : 襾   領(령) : 목 령, 14획, 부수 : 頁

멋지게 한번 써볼까?

不	得	要	領

이럴때 이렇게 표현하기

"도대체 너는 그 업무를 몇 년이나 하고 있는데 여전히 '부득요령'이냐?"

부화뇌동
附和雷同

우렛소리에 맞춰 함께한다는 뜻으로, 자신의 뚜렷한 소신 없이 남이 하는 대로 따라가는 것을 뜻하는 말이다.

『논어(論語)』에서는 다음과 같이 말한다.

"공자가 말하기를 군자는 화합하지만 부화뇌동하지 않고, 소인은 부화뇌동하지만 화합하지 않는다." 이 말은, 군자는 의를 숭상하고 남을 자신처럼 생각하여 화합하지만, 소인은 이익을 따지는 사람이므로 이해관계가 맞는 사람끼리 행동하여 사람들과 화합하지 못한다는 뜻이다.

부화뇌동(附和雷同)에서 뇌동(雷同)이란 우레가 울리면 만물도 이에 따라 울린다는 뜻으로, 다른 사람의 말을 듣고 그 말의 옳고 그름을 생각해 보지 않고 경솔하게 부화(附和)하는 것을 의미한다. 부화뇌동은 자신의 주체적인 의견과 객관적인 기준을 도외시한 채 물질적인 이해관계 또는 남의 주장이나 의견을 맹목적으로 추종하는 것을 경고

하는 뜻으로 쓰인다.

附和雷同

우레[雷] 소리에 맞춰[同] 함께함[附][和].
아무런 주관이 없이 남의 의견을 맹목적으로 좇아
함께 어울림을 이르는 말.

단어의 구성은

附(부) : 붙을 부, 8획, 부수 : 阝 和(화) : 화할 화, 8획, 부수 : 口

雷(뇌) : 우레 뇌, 13획, 부수 : 雨 同(동) : 한 가지 동, 6획, 부수 : 口

멋지게 한번 써볼까?

附	和	雷	同

이럴때 이렇게 표현하기

"조직 사회에서는 자기주장을 강하게 내세우는 사람보다는 어쩌면
자기 주관 없이 '부화뇌동'하는 사람이 더 오래 살아남을 수도 있다."

분서갱유

焚書坑儒

전국시대를 종식시킨 진시황은 스스로 시황제를 칭하고 중앙집권제를 강화하였다. 진시황 34년 함양궁에서 술자리가 베풀어졌다.

신하들은 군현제도와 봉건제도의 부활을 주장하며 서로 다른 주장을 놓고 대립하고 있었다. 이때 승상 이사(李斯)는 봉건제도는 임금의 권위를 떨어뜨리고 당파를 조성하는 결과를 가져오게 되므로 이를 금해야 한다는 의견을 내놓았다. 또한 사관(史官)이 맡고 있는 진나라 기록과 의약, 복술, 농경 등에 관한 서적을 제외하고는 모든 책을 태워 없애야 한다고 말을 했다. 시황은 이사의 말을 채택하여 실시케 했는데 이것이 분서(焚書)이다.

이듬해인 35년에 진시황이 불로장생을 원한 나머지 신선술을 가진 방사(方士)들을 불러 모았는데 그들 중에서 후생(後生)과 노생(盧生)을 우대했다.

그러나 후한 대접을 받은 이들이 시황제를 비난하면서 도망쳐 버리자 화가 난 시황제는 정부를 비난하는 학자들을 모조리 잡아다가 심문하고 그 결과 법에 저촉된 460여 명을 함양성 안에 구덩이를 파고 묻게 하였다.

이것을 바로 갱유(坑儒)라고 불렀는데, 이 두 사건을 합쳐 분서갱유라고 한 것이다.

焚書坑儒

책을[書] 불사르고[焚] 선비들을[儒] 구덩이[坑]에 매장함
책을 불사르고 선비들을 매장시키는 것으로 지식인들을 탄압하는 행위를 뜻하는 말.

단어의 구성은

焚(분) : 불사를 분, 12획, 부수 : 火 書(서) : 글 서, 10획, 부수 : 曰
坑(갱) : 구덩이 갱, 7획, 부수 : 土   儒(유) : 선비 유, 16획, 부수 : 亻

멋지게 한번 써볼까?

焚	書	坑	儒

이럴때 이렇게 표현하기

"사상과 표현의 자유를 과도하게 제약하고 지식인들을 탄압하는 것은
현대판 '분서갱유'다."

지위나 나이, 학식 따위가 자기보다 못한 사람에게 묻는 것을 부끄러워하지 않음을 뜻하는 말이다.

공자가 활동하던 시절에 공어(孔圉)라는 권력가가 있었다. 그는 살아 있을 때에 사람들로부터 존경을 받지는 못했다. 그가 죽은 후 왕으로부터 문(文)이라는 시호를 받아 공문자(公文子)가 되었다. 이때는 시호에 문(文)자가 들어가면 상당히 훌륭한 사람을 뜻하기도 하며, 물고기 중에서 문어가 귀한 대접을 받는 이유도 문(文)자가 들어갔기 때문이다.

공자의 제자인 자공이 스승에게 이렇게 물었다.

"어떻게 해서 그분이 과분한 시호를 받을 자격이 있는지 이해가 가지 않으니 설명해 주실 수 있습니까?"

그러자 공자가 대답했다. "공문자는 재주가 많고 민첩한데도 불구하고 배우기를 좋아하였고, 아랫사람에게 묻기를 부끄럽게 생각하지 않았기 때문에 문(文)자가 들어간 시호를 받을 수 있었다."

공자는 공문자가 행실에 있어서 다소의 문제점이 있었을지라도 불치하문하는 자세를 가장 높게 평가했던 것이다. 그래서 불치하문이란 말이 생겨나게 되었다.

不恥下問

아랫사람[下]에게 묻는[問] 것을 부끄러워[恥] 하지 않음[不]

지위나 나이, 학식 따위가 자기보다 못한 사람에게 묻는 것을 부끄러워하지 않음을 뜻하는 말.

단어의 구성은

不(불) : 아니 불, 4획, 부수 : 一　　恥(치) : 부끄러워할 치, 10획, 부수 : 心

下(하) : 아래 하, 3획, 부수 : 一　　問(문) : 물을 문, 11획, 부수 : 口

멋지게 한번 써볼까?

不	恥	下	問

이럴때 이렇게 표현하기

"모르는 것이 있으면 상대방의 나이나 직업을 따지지 말고
'불치하문'의 자세로 물어보고 배우는 것이 중요하다."

비분강개
悲憤慷慨

슬프고 분함을 뜻하는 '비분(悲憤)'과, 원통하고 슬프고 분개하다는 의미의 '강개(慷慨)'가 합쳐져서 '비분강개'라는 성어가 만들어졌다. 비분강개는 개인적인 감정에서 생기는 원통함을 가리키는 말이라기보다는 국가적이거나 거시적인 상황에서 사용하는 사자성어이다. 즉, 개인적인 원한이나 슬픔으로 인해 생기는 원통한 마음을 표현할 때는 거의 쓰지 않고, 국가의 운명이 풍전등화에 처하거나 세상의 풍속이 몹시 어지러워 개탄하는 경우에 많이 쓴다. 우국지사나 난세(亂世)의 충신들이 세상이 돌아가는 형세를 보고 자신도 모르게 울분이 터져 밖으로 표출되는 모양을 나타낸 말이다. 따라서 분하고 원통한 마음을 품는다는 뜻의 함분축원(含憤蓄怨), 몹시 분하여 이를 갈며 속을 썩인다는 뜻의 절치부심(切齒腐心)과는 뜻이 다르다. 다시 말해, 비분강개는 거시적인 상황에서 자연스럽게 표출되는 마음의 움직임인 데 비해, 함분축원과 절치부심은 사사로운 마음을 일으켜 분한 마음을 품는 작위적인 표현이라는 점에서 구분된다.

悲憤慷慨

.
.
.

悲憤慷慨 슬프고[悲][慷] 분[憤][慨]하여 개탄하는 상황을 이르는 말.
슬프고 분하여 마음이 개탄스럽다는 뜻

단어의 구성은

悲(비) : 슬플 비, 12획, 부수 : 心　　憤(분) : 결낼 분, 15획, 부수 : 忄

慷(강) : 슬플 강, 14획, 부수 : 忄　　慨(개) : 분개할 개, 14획, 부수 : 忄

멋지게 한번 써볼까?

悲	憤	慷	慨

이럴때 이렇게 표현하기

"우리도 이제 비분강개에 그칠 게 아니라 또 다른 침략에 대비하고
경제와 국방력을 키워야 할 때이다."

비육지탄
髀肉之嘆

    장수가 오랫동안 말을 타지 못하여 넓적다리에 살이 찌는 것을 한탄하는 뜻으로 재능과 역량을 발휘할 기회를 가지지 못하여 헛되이 세월만 보냄을 탄식할 때 쓰는 말이다.

    유비(劉備)가 조조(曹操)에게 쫓겨 기주, 여남 등질로 전전하다가 끝내는 형주의 유표(劉表)에게 몸을 의탁하여, 신야(新野)라는 작은 성(城) 하나를 맡아보고 있었다.

    어느 날 유비는 유표의 초대를 받아 술을 마시고 잠시 화장실을 갔는데 자신의 넓적다리가 유난히 살이 찐 것을 발견하고 순간 슬픈 생각이 치밀어 눈물이 쏟아졌다.

    자리로 돌아온 유비의 얼굴에서 눈물 자국을 발견한 유표가 그 까닭을 물었다.

    유비는 "지금까지 말안장에서 하루도 떠난 적이 없어 넓적다리에 살이 붙은 적이 없었는데, 오랫동안 말을 타지 않으니 이렇게 살이 붙었습니다. 세월은 가는데 아무런 공도 세우지 못하는 신세가 슬프고 한탄스러울 뿐입니다."라고 대답했다.

    여기에서 비육지탄이란 말이 사용되었다.

그 후 이 말은 실력을 발휘할 기회가 주어지지 않거나, 세상에서 공을 이루지 못하고 허송세월을 보낼 때, 한탄하는 의미로 쓰인다.

髀肉之嘆

허벅지[髀]에 살이[肉] 찜을 한탄함[嘆].

오랫동안 말을 타지 못하여 넓적다리에 살이 찌는 것을 한탄한다는 뜻으로, 재능을 발휘할 기회를 가지지 못하여 헛되이 세월만 보냄을 탄식함을 이르는 말.

단어의 구성은

髀(비) : 넓적다리 비, 18획, 부수 : 骨   肉(육) : 고기 육, 6획, 부수 : 肉
之(지) : 갈 지, 4획, 부수 : 丿   嘆(탄) : 탄식할 탄, 15획, 부수 : 欠

멋지게 한번 써볼까?

髀	肉	之	嘆

이럴때 이렇게 표현하기

"직장을 그만둔 후 취업을 못하고 방황하고 있으니 나의 상황이 비육지탄이다."

사면초가
四面楚歌

　7년간을 끌어온 초한의 전쟁이 해하(垓下)의 싸움으로 막바지에 접어들었다. 한신(韓信)의 추격군은 한발 한발 조여 오는데, 이미 초나라 군은 군량미가 바닥나고 전의도 상실한 상태였다. 장량(張良)은 결판을 낼 때가 되어 이곳저곳에 초나라 노래를 잘하는 사람을 풀어놓았다. 그리고 그들은 장량의 신호를 받아 초나라 노래를 불렀다. 고향을 떠나 온 지 여러 해 만에 듣는 고향의 노래는 병사들의 마음을 흔들어 놓았다.

　사방을 에워싼 한나라 군사 속에서 초나라 노랫소리가 들려오자 초나라 병사들은 향수병(고향을 그리워하는 병)을 이기지 못하고 깊은 밤에 도망을 쳤다. 당연히 항우(劉邦)의 군사들은 사기가 땅에 떨어지고 항우는 패배하고 마는데, 사면초가라는 말은 여기서 유래가 되었다.

四面楚歌

.
.
.

四面楚歌

사방[四][面]에서 초나라[楚] 노래[歌]가 들림
아무에게도 도움이나 지지를 받을 수 없는 고립된
상태에 처했음을 이르는 말.

단어의 구성은

四(사) : 넉 사, 5획, 부수 : 囗   面(면) : 낯 면, 9획, 부수 : 面
楚(초) : 나라 이름 초, 13획, 부수 : 木   歌(가) : 노래 가, 14획, 부수 : 欠

멋지게 한번 써볼까?

四	面	楚	歌

이럴때 이렇게 표현하기

"저렇게 자기 혼자만 잘난 줄 알고 함부로 행동하다가는 나중에 어려운 상황에
부닥쳤을 때 아무도 도와주지 않는 사면초가에 놓일 수 있다."

살신성인
殺身成仁

공자가 『논어(論語)』의 '이인편(里仁篇)'에서 이렇게 말했다.

"군자가 인(仁)을 떠나 어떻게 군자가 될 수 있겠느냐?"

공자가 말하는 '인'의 설명은 간단하지가 않다. '인'을 이해하기 위해서는 무엇보다 군자가 되는 것이 어떤 것인지를 알아볼 필요가 있다.

『논어(論語)』의 '위령공편(衛靈公篇)'에는 "뜻있는 선비와 어진 사람은 살기 위해 인(仁)을 해치지 않고, 자신의 목숨을 바쳐 인을 이룬다."라는 대목이 있다. 지사(志士)는 뜻있는 선비를, 인인(仁人)은 덕을 완성한 사람이다. 공자에게 있어서 인은 최고의 덕이며, 이 최고의 덕을 성취하기 위해 육체는 문제가 되지 않는다. 안중근 선생의 유묵 중 '뜻있는 선비와 어진 사람은 자신을 희생해서 인을 이룬다'는 글귀도 여기서 따온 것이다.

지사(志士)와 인인(仁人)은 인에 살고, 인으로 살고, 인을 위해 살아야지 육체의 생명을 추구하는 것이 삶의 기본이 되지는 않는다. 공자는 인을 이루기 위해 살신(殺身) 한다는 결의를 품었다. 살신은 꼭 죽음을 의미하기보다는, 그만큼 몸과 마음을 다하는 태도라고 보면 된다.

전 세계 제국주의자들에게 경종을 울린 독립투사 안중근 의사는 이토 히로부미의 가슴에 총탄을 발사하고 "일제에 목숨을 구걸하지 말고 죽으라."는 어머니의 말씀에 따라 공소도 포기한 채 뤼순 감옥에서 사형당하고 만다. 안중근 의사는 그야말로 자신의 몸을 희생함으로써 세상을 향해 정의와 인을 실천한 열사였던 것이다.

殺身成仁

자기 몸[身]을 희생[殺]하여 인[仁]을 이룬다[成].
즉 몸을 바쳐 옳은 도리를 행한다는 말.

단어의 구성은

殺(살) : 죽일 살, 11획, 부수 : 殳　　身(신) : 몸 신, 7획, 부수 : 身
成(성) : 이룰 성, 7획, 부수 : 戈　　仁(인) : 어질 인, 4획, 부수 : 亻

멋지게 한번 써볼까?

殺	身	成	仁

이럴때 이렇게 표현하기

"자신의 목숨을 돌보지 않고 지하철 선로에 떨어진 노약자나 취객을 구했다는 기사를 보면, 요즘같이 각박하고 살기 힘든 세상에서도 살신성인의 자세로 살고 있는 사람이 많다는 생각에 마음이 훈훈해진다."

삼고초려
三顧草廬

후한 말엽 조조에게 쫓기어 형주(荊州)의 유표(劉表)에게 몸을 의탁하고 있던 유비(劉備)에게 어느 날 서서(徐庶)가 찾아왔다. 서서는 유비에게 다음과 같이 충언하였다. "주군께서는 많은 장수들을 거느리고 계시지만, 그 장수들을 이끌어줄 유능한 군사(軍師, 군을 통솔하고 책략을 내는 사람)가 없어 힘을 쓰지 못하고 있으니 저의 친구 제갈공명을 찾아가 모셔 오십시오."

유비는 즉시 수레에 예물을 싣고 양양 땅에 있는 제갈량의 초가집을 찾아갔으나 집에 없었다. 며칠 후 또 찾아갔으나 역시 없었다. '그까짓 제갈공명이 뭔데'하며 다시 찾아오지 말자고 불평하는 관우와 장비의 만류를 물리치고 유비는 세 번째 방문길에 나섰다.

그 열의에 감동한 제갈량은 이렇게 말했다.
"신은 원래 서민으로 남양에서 밭을 갈고 있었습니다. 선제께서는 비천한 신분을 싫어하지 않으시고 몸을 굽히시어 신의 초가집을 세 번이나 찾아주시니, 이에 감격하여 충성할 것을 맹세하겠습니다."

마침내 제갈량은 유비의 군사가 되어 적벽대전에서 조조의 100만 대군을 격파하는 등 많은 전공을 세웠다. 유비는 제갈량과 자기의 사이를 '물과 물고기 사이'라고 하였다. '초가집을 세 번 찾아간다'는 뜻의 삼고초려는 이렇듯 유비가 제갈공명을 세 번이나 몸소 찾아가 군사로 모시고 온 데서 나온 말이다.

높은 사람이 인재를 얻기 위해 거듭 겸손하게 초청한다는 이 말은 오늘날에도 모든 분야에서 통하는 말로 귀하신 몸은 늘 삼고초려의 대상이 된다는 것이다.

三顧草廬
초가집[草][廬]을 세[三] 번 돌아 봄[顧]
인재를 맞아들이기 위하여 참을성 있게 노력함을 뜻하는 말.

단어의 구성은

三(삼) : 석 삼, 3획, 부수 : 一   顧(고) : 돌아볼 고, 21획, 부수 : 頁

草(초) : 풀 초, 10획, 부수 : 艹   廬(려) : 오두막 려, 19획, 부수 : 广

멋지게 한번 써볼까?

三	顧	草	廬

이럴때 이렇게 표현하기

"지지도가 떨어져 있는 당의 미래를 위해서라면 삼고초려라도 해서 그분을 모셔 와야만 합니다."

삼인성호
三人成虎

　전국시대 위(魏)나라 혜왕(惠王) 때의 일이다. 외교적 관례에 따라 위나라의 방총(龐蔥)이 태자와 함께 인질로 조(趙)나라의 한단(邯鄲)으로 가면서 자기가 없는 동안 왕의 관심이 자기에게서 멀어질까 하여 혜왕에게 말했다. "지금 어떤 사람이 저잣거리에 호랑이가 나타났다고 한다면 믿으시겠습니까?"

　"그 말을 누가 믿겠나?"

　"그럼 두 사람이 저잣거리에 호랑이가 나타났다고 한다면 믿으십니까?"

　"역시 믿지 못하겠지."

　"여러 사람이 저잣거리에 호랑이가 나타났다고 하면 믿으시겠습니까?"

　"과인은 믿게 될 것이오."

　그러자 방총이 말했다. "저잣거리에 호랑이가 나타날 수 없다는 것은 명백한 일입니다. 그러나 여러 사람이 말한다면 호랑이가 되는 것입니다. 한단은 위나라에서 저잣거리보다 멀리 떨어져 있습니다. 그리고 신에 대해 말하는 사람은 아주 많습니다. 왕께서 잘 살피시기 바

146

랍니다."

혜왕이 "과인이 스스로 알아서 판단할 것이오."라고 말하자 방총은 작별인사를 하고 출발했다. 그런데 방총이 한단에 도착하기도 전에 신하들은 방총을 모함하기 시작했으며, 결국 왕은 방총을 의심하기 시작했다. 수년 후 인질에서 풀려난 태자와 방총은 한단에서 돌아왔으나 결국 왕을 만날 수 없는 신세가 되고 말았다.

이처럼 세 사람이면 없던 호랑이도 만든다는 뜻으로 거짓말이라도 여러 사람이 말하면 진실이 되어 믿기 쉽다는 뜻이다.

三人成虎

세[三] 사람[人]이 모여 호랑이[虎]를 만듦[成]
근거 없는 말도 여럿이 하면 곧이 듣게 됨을 이르는 말로, 세 사람이 짜면 거리에 범이 나왔다는 거짓말도 사실처럼 될 수 있다는 말에서 유래되었다.

단어의 구성은

三(삼) : 석 삼, 3획, 부수 : 一　　　人(인) : 사람 인, 2획, 부수 : 人
成(성) : 이룰 성, 7획, 부수 : 戈　　虎(호) : 범 호, 8획, 부수 : 虍

멋지게 한번 써볼까?

三	人	成	虎

이럴때 이렇게 표현하기

"요즘 SNS나 유튜브를 통해 넘쳐나는 가짜뉴스로 인해 악의적으로 조작된 잘못된 정보를 사실로 믿기 쉬운 세상이 되었다. 이것이 현대판 삼인성호다."

상전벽해
桑田碧海

상전벽해라는 말은 『신선전(神仙傳)』에서 유래가 되었다.

신선전의 마고 선녀가 신선 왕방평(王方平)에게 말했다. "제가 신선님을 모신 이래로 뽕나무밭이 3번이나 푸른 바다로 바뀌는 것을 봤습니다. 이번 봉래에 갔다 본 바다는 다시 얕아져 이전의 반 정도로 줄어있었는데, 다시 육지로 바뀌려는 것일까요?"

또한 당나라의 유정지(劉廷芝)는 『대비백발옹(代悲白髮翁)』이라는 시에서 이렇게 읊었다.

> 낙양성 동쪽의 복숭아꽃 오얏꽃
> 이리저리 휘날려 뉘 집에 떨어지나,
> 낙양의 어린 소녀 고운 얼굴 만지며
> 떨어지는 꽃 바라보며 한숨 짓는다.
> 꽃이 지면 그 얼굴엔 나이 또 들어
> 내년에 피는 꽃은 누가 보아주나.

상전벽해는 뽕나무 밭이 푸른 바다로 변한다는 의미에서 몰라보게 달라진 세상 풍경을 비유한 말이다. 또한, 뽕나무 밭이 바다가 될 수 있을지라도 사람 마음은 변하지 않는다는 뜻이기도 하다.

桑田碧海

뽕나무[桑] 밭[田]이 푸른[碧] 바다[海]가 됨

뽕나무밭이 변하여 푸른 바다가 된다는 뜻으로, 세상이 몰라 볼 정도로 바뀐 것을 의미함.

단어의 구성은

桑(상) : 뽕나무 상, 10획, 부수 : 木   田(전) : 밭 전, 5획, 부수 : 田
碧(벽) : 푸를 벽, 14획, 부수 : 石   海(해) : 바다 해, 10획, 부수 : 氵

멋지게 한번 써볼까?

桑	田	碧	海

이럴때 이렇게 표현하기

"어린 시절 친구들과 뛰놀던 고향은 상전벽해라는 비유가 어울릴 만큼
큰 건물과 아파트가 세워져 많은 변화가 일어났다."

새옹지마
塞翁之馬

중국 변방에 점을 잘 치는 노인이 살고 있었는데, 어느 날 그 노인의 말이 국경을 넘어 오랑캐 땅으로 도망을 쳤다. 마을 사람들이 찾아와 그를 위로하자 그는 조금도 걱정하는 빛이 아니었다. 그는 밝은 얼굴로 이렇게 말했다.

"이것이 복이 될 줄 어찌 알겠소."

몇 달이 지나자 도망갔던 그 말이 오랑캐의 좋은 말을 한 필 끌고 돌아왔다. 마을 사람들이 찾아와 축하를 해주었고 그 노인은 또 이렇게 말했다.

"이것이 또 화가 될지 어찌 알겠소."

어느 날 그의 아들이 그 오랑캐 말로 말타기를 하다가 떨어져 다리가 부러졌다. 사람들이 안 되었다고 위로하자 "이것이 복이 될지 누가 알겠소."하며 무표정하게 말했다.

1년 후 오랑캐가 쳐들어와 마을 젊은이들이 전쟁터로 끌려나가 목숨을 잃었으나 노인의 아들은 불구자이기 때문에 전쟁터에 나가지 않고 목숨을 부지할 수 있었다.

새옹지마는 여기서 유래된 말로 인간의 길흉화복, 영고성쇠는 그 변화를 예측할 수 없다는 뜻으로 쓰인다.

화가 복이 되기도 하고 복이 화가 되기도 하는 법이니, 매사에 지나치게 일희일비할 필요가 없는 것이다.

塞翁之馬

변방[塞] 늙은이[翁]의 말[馬]

인생의 길흉화복은 변화가 많아 예측하기가 어려움을 이르는 말.

단어의 구성은

塞(새) : 변방 새, 13획, 부수 : 土   翁(옹) : 늙은이 옹, 10획, 부수 : 羽
之(지) : 갈 지, 4획, 부수 : 丿   馬(마) : 말 마, 10획, 부수 : 馬

멋지게 한번 써볼까?

塞	翁	之	馬

이럴때 이렇게 표현하기

"인간 만사 새옹지마라더니 힘들고 어려웠던 시기가 지나니
일이 이렇게 잘 풀리는구나."

강태공(姜太公)은 은나라 말기 어수선한 시절에 태어나 자신이 섬길 주인을 기다리며 백발노인이 될 때까지 매일 낚시만 하며 세월을 낚던 인물이다.

그러다 주나라의 문왕을 만나 문왕의 스승이 되었고 문왕의 경쟁자였던 은나라의 주왕을 멸망시켜 주나라가 천하의 패자가 되는 데 크게 도움을 주었다.

그리고 그 공적으로 강태공은 제나라를 봉함으로 받아 제나라의 시조가 되고 그곳에서 죽는다.

하지만 그를 포함해 5대손에 이르기까지 자손 모두 주나라 천자의 땅에 장사지내졌는데, 이를 두고 당시 사람들은 "음악은 그 자연적으로 발생하는 바를 즐기며, 예(禮)란 근본을 잊어서는 아니 되는 것이다. 여우가 죽을 때에 자기가 살던 곳으로 머리를 똑바로 하는 것은, 비록 짐승이지만 근본을 잊지 못하는 본능적인 행동이다."라고 말했다. 이것을 사람에게 비추어 보면 인(仁)에 적합하다는 것이다.

다시 말해 사람이나 짐승이나 태어난 자리로 돌아가는 것은 지극히 본능적이라는 의미다.

首丘初心

여우가 죽을 때 제가 살던 굴이 있는 언덕 쪽으로 머리를 둔다는 뜻으로, 고향을 그리워하는 마음을 이르는 말

단어의 구성은

首(수) : 머리 수, 9획, 부수 : 首   丘(구) : 언덕 구, 5획, 부수 : 一
初(초) : 처음 초, 7획, 부수 : 刀   心(심) : 마음 심, 4획, 부수 : 心

멋지게 한번 써볼까?

首	丘	初	心

이럴때 이렇게 표현하기

"수구초심이라고 나이가 드니 고향 생각이 더 난다."

수주대토

守株待兎

그루터기를 지켜보며 토끼가 나오기를 기다린다는 뜻으로 자기만의 착각에 빠져 되지도 않을 일을 고집하는 어리석음을 비유할 때 쓰는 말이다.

『한비자(韓非子)』의 '오두편(五頭篇)'에 있는 이야기 중 하나다. 송나라의 어느 농부가 밭에서 일을 하고 있었다. 그때 토끼 한 마리가 갑자기 뛰어 오더니 밭 가운데 있는 그루터기에 몸을 부딪쳐 목이 부러져 죽는 것을 보았다. 토끼 한 마리를 공짜로 얻은 농부는 희희낙락하여 중얼거렸다.

"그래 지금부터 이곳에 가만있으면서 토끼가 그루터기에 부딪혀 죽기만을 기다리자."

농부는 매일 이곳에서 기다리기만 하면 큰 이득을 얻겠다고 생각하고 밭에 앉아 토끼가 오기만을 기다렸다. 그러나 토끼를 두 번 다시 만나지 못했다. 밭에는 잡초가 무성하였으며 결국 농사는 망치고 말았다.

한비자는 낡은 습관에 묶여 세상 변화에 대응하지 못하는 사람들을 이 이야기 속의 농부에 비유했다. 한비자(韓非子)가 살았던 시기는 전국시대 말기인데도 요순의 이상적인 왕도정치만을 숭배하며 그 시절로 돌아갈 것을 주장하는 사람이 많았다.

그는 시대의 변천은 돌고 도는 것이 아니라 진화하는 것이라 생각했으며 복고주의는 진화에 역행하는 어리석은 생각이라고 경고했다.

守株待兎

그루터기[株]에 머물며[守] 토끼[兎]를 기다리는[待] 어리석음

어떤 착각에 빠져 되지도 않을 일을 공연히 고집하는 어리석음을 비유하는 말.

단어의 구성은

守(수) : 지킬 수, 6획, 부수 : 宀   株(주) : 그루 주, 10획, 부수 : 木

待(대) : 기다릴 대, 9획, 부수 : 彳   兎(토) : 토끼 토, 7획, 부수 : 儿

멋지게 한번 써볼까?

守	株	待	兎

이럴때 이렇게 표현하기

"복권에 인생을 걸고 수주대토하며 요행을 기다리기보다는, 차라리 복권 살 돈을 저금하는 편이 더 나을 것이다."

脣亡齒寒

춘추시대 초기에 진헌공(晉獻公)이 괵(虢)나라를 정벌하러 가는 길에 우(虞)나라로 하여금 길을 열어달라고 사신을 보냈다. 사신으로 온 순식(荀息)은 좋은 말과 야명주를 내놓고 우왕에게 길을 열어달라고 청을 했다.

우왕으로서는 썩 마음에 내키지는 않았으나 진나라에서 온 예물이 탐이나 허락을 했다. 그 소식을 듣고 궁지기(宮之奇)가 나서 말을 했다.

"괵나라와 우나라는 한 몸이나 다름없는 사이인지라 괵나라가 망하면 우나라도 망할 것이옵니다. 옛 속담에도 수레의 짐받이 판자와 수레는 서로 의지하고, 입술이 없어지면 이가 시리다 했습니다. 이는 바로 괵나라와 우나라의 관계를 말한 것입니다. 결코 길을 열어주어서는 안 되옵니다."

그러나 뇌물에 눈이 먼 우왕은 "진과 우리는 같은 종족의 나라인데 어찌 우리를 해칠 리가 있겠소?"라며 말을 듣지 않았다.

이에 궁지기는 후환이 두려워 우나라는 올해를 넘기지 못할 것을 예감하고 가족과 함께 우나라를 떠났다. 그리고 진나라는 궁지기의 예언대로 괵나라를 정벌하고 돌아오는 길에 우나라도 정복하여 우왕을 사로잡았다고 한다.

脣亡齒寒

입술[脣]이 없으면[亡] 이빨[齒]이 시림[寒]

입술이 없으면 이가 시리다는 뜻으로, 가까운 사이에 있는 하나가 망하면 다른 하나도 그 영향을 받아 온전하기 어려움을 비유적으로 이르는 말.

단어의 구성은

脣(순) : 입술 순, 11획, 부수 : 月   亡(망) : 잃을 망, 3획, 부수 : 亠

齒(치) : 이 치, 15획, 부수 : 齒   寒(한) : 찰 한, 12획, 부수 : 宀

멋지게 한번 써볼까?

脣	亡	齒	寒

이럴때 이렇게 표현하기

"나라의 경제가 어려워지면 가정 경제도 순망치한 격이 된다."

자유자재로 출몰하여 그 변화를 헤아릴 수 없음을 이르는 말이다.

전한(前漢)의 회남왕(淮南王) 유안(劉安)이 엮은 『회남자(淮南子)』의 '병략훈(兵略訓)'은 도가사상(道家思想)을 기본 이론으로 한 전략론(戰略論)에 대하여 말하고 있다.

그 중에서도 아군의 계략과 진(陣)치는 일, 그리고 군대의 세력과 병기가 겉으로 보아서 적군이 대책을 세울 수 있는 것이라면, 용병에 교묘한 것이 못 된다고 말하고 있다.

'교묘한 자의 행동은 신(神)이 나타나고 귀신이 돌아다니는 것처럼 별과 같이 빛나고 하늘과 같이 운행되는 것이다. 그 나아가고 물러남과 굽히고 펴는 것은 아무런 전조(前兆)도 없고, 형태도 나타나지 않는다.'

여기에서 나오는 용어가 '신출귀행(新出鬼行)'으로 신출귀행이란 '신(神)이 나타나고 귀신이 돌아다닌다'는 뜻으로, 귀신과 같이 나오고 들어감이 자유자재여서 예측할 수 없는 것을 말한다.

神出鬼沒

귀신[鬼][神]같이 나타났다가[出] 사라짐[沒]
자유자재로 문득 나타났다가 문득 없어짐을 비유
적으로 이르는 말.

단어의 구성은

神(신) : 귀신 신, 10획, 부수 : 示   出(출) : 날 출, 5획, 부수 : 凵

鬼(귀) : 귀신 귀, 10획, 부수 : 鬼   沒(몰) : 빠질 몰, 7획, 부수 : 氵

멋지게 한번 써볼까?

神	出	鬼	沒

"이번에 검거된 마약 밀매 업자는 그동안 경찰의 눈을 피해서
수많은 마약을 유통시키고 신출귀몰하여 왔다."

안빈낙도
安貧樂道

가난한 생활 가운데서도 편안한 마음으로 도를 즐기는 것을 말하는 것으로, 이는 소극적으로는 몸을 닦고 분수를 지키는 경지지만 적극적으로는 자기 긍지를 지닌 채 도를 즐기는 경지다.

공자가 제자들에게 강조했던 정신 중의 하나이다. 공자의 제자 중 특히 안회(안연)는 안빈낙도를 실천했던 사람으로 알려져 있다. 그는 얼마나 열심히 학문을 익혔는지 나이 스물아홉에 백발이 되었다고 알려져 있으며, 덕행이 뛰어나 공자도 그로부터 배울 점이 많았다고 한다. 한 가지 아쉬운 것은 너무 가난했다는 것이다.

하지만 그는 그런 가난한 환경을 탓하거나 자신의 처지를 비관한 적이 없었고 오히려 주어진 환경을 순순히 받아들이고 학문을 추구하는 데 열심이었다.

공자는 안회를 보고 이렇게 말했다.

"변변치 못한 음식을 먹고 누추하기 그지없는 뒷골목에 살면서 아무런 불평이 없고, 가난을 예사로 여기면서도 여전히 성인의 도를 배우기를 즐겨하고 있느니 이 얼마나 장한가."

그러나 아끼던 제자였지만 안회는 31세에 요절하고 말았다.

안빈낙도의 정신은 조선 시대의 가사나 시조에서 많이 드러나고 있다. 정극인(丁克仁)의 『상춘곡(賞春曲)』에서는 자연을 벗하며 안빈낙도하고자 하는 작가의 바람이 나타난다. 이 밖에도 조식, 송순, 한호 등의 시에서도 안빈낙도의 정신이 드러나고 있다.

安貧樂道
가난한[貧] 생활을 하면서도 편안한[安] 마음으로 도[道]를 지키며 즐김[樂]을 뜻하는 말.

단어의 구성은

安(안): 편안할 안, 6획, 부수 : 宀

貧(빈): 가난할 빈, 11획, 부수 : 貝

樂(낙): 즐길 낙(락), 15획, 부수 : 木

道(도): 길 도, 13획, 부수 : 辶

멋지게 한번 써볼까?

安	貧	樂	道

이럴때 이렇게 표현하기

"그는 바쁜 도시 생활에서 벗어나
시골에서 글을 쓰며 안빈낙도하며 살고 있다."

暗中摸索

당나라 3대 고종이 황후 왕씨(王氏)를 폐하고 무조(武照)를 황후로 맞아들이라는 교지를 내렸다. 고종 황제가 무조를 황후로 맞아들이려 하자 왕씨를 지지하는 중신들이 일제히 들고일어났다. 이때 그들을 몰아친 인물이 허경종(許敬宗)이다.

그는 문장의 명수로서 대대로 남조(南朝)에서 벼슬한 집안이었다. 그는 성격이 경솔하고 사람을 만나도 뒤에 그 얼굴을 잊어버리는 버릇이 있었다.

어떤 사람이 허경종을 만나서

"당신처럼 학문 깊은 사람이 사람의 얼굴을 잘 기억하지 못하는 것은, 일부러 모르는 체 하는 것이 아닙니까?"라고 비웃으며 말했다.

허경종은 "평범한 사람들의 얼굴이야 기억하는 것이 어렵지만, 하손(何遜), 유효작(劉孝綽), 심약(沈約)과 같은 문단의 대가들이야 어둠 속에서 손으로 더듬어서도 기억할 수 있소."라고 말했다.

이처럼 '암중모색'은 전혀 예측할 수 없는 상황에서 어림짐작으로 어렵게 찾아본다는 뜻으로 쓰인다.

暗中摸索

어둠[暗] 속에서[中] 동아줄[索]을 더듬어 찾음[摸]
확실한 방법을 모르는 채 일의 실마리를 찾아내려 함을 이르는 말

단어의 구성은

暗(암) : 어두울 암, 13획, 부수 : 日   中(중) : 가운데 중, 4획, 부수 : ㅣ

摸(모) : 찾을 모, 14획, 부수 : 扌   索(색) : 찾을 색, 10획, 부수 : 糸

멋지게 한번 써볼까?

暗	中	摸	索

이럴때 이렇게 표현하기

"우리는 눈앞에 닥친 위기를 타파하는 방법을 암중모색하였으나
결국 해결책을 찾아내지 못하고 서로 갈 길을 가기로 했다."

양두구육
羊頭狗肉

양의 머리를 걸어 놓고 실제로는 개고기를 판다는 뜻으로, 좋은 물건을 간판으로 내세우고 나쁜 물건을 팔거나, 표면으로는 그럴듯한 대의명분을 내걸었으나 이면에는 좋지 않은 본심이 들어 있음을 일컫는다.

제(齊) 나라 영공(靈公)은 궁중의 여인들을 남자처럼 변장시켜 놓고 즐기는 괴이한 버릇이 있었다. 곧 이 사실은 일반 사람들에게도 퍼져 남장 여인이 나라 안 도처에 퍼져 나갔다. 이 소문을 들은 영공은 궁중 밖에서 여자들이 남장하는 것을 왕명으로 금지시켰는데 이 영이 잘 시행되지 못했다. 그래서 왕은 왕명이 시행되지 않는 이유를 물었다.

그 까닭을 묻는 왕에게 안영(晏嬰)은 이렇게 말했다.

"궁중 안에서는 남장 여인을 허용하면서 궁 밖에서는 금하시는 것은 마치 양의 머리를 문에 걸어놓고 안에서는 개고기를 파는 것과 같습니다. 궁중 안에서 먼저 남장을 금한다면 밖에서도 이를 따를 것입니다."

164

영공은 안영의 말대로 궁중에서도 여자가 남장하는 것을 금하게 하였더니 한 달이 못 되어 온 나라 안에 남장 여인은 없어졌다고 한다.

맹자는 '임금의 덕은 바람이요, 백성은 풀이므로 풀 위에 바람이 불면 풀은 바람 부는 대로 쓰러진다.'라고 했는데 '양두구육'에서도 그 뜻을 찾아볼 수 있다.

羊頭狗肉

양[羊] 머리[頭]에 개[狗]의 고기[肉]

양의 머리를 걸어 놓고 실제로는 개고기를 판다는 뜻으로, 겉으로는 훌륭한 듯이 내세우지만 속은 보잘 것 없음을 이르는 말.

단어의 구성은

羊(양) : 양 양, 6획, 부수 : 羊   頭(두) : 머리 두, 16획, 부수 : 頁

狗(구) : 개 구, 8획, 부수 : 犭   肉(육) : 고기 육, 6획, 부수 : 肉

멋지게 한번 써볼까?

羊	頭	狗	肉

이럴때 이렇게 표현하기

"화장품이 겉포장만 번지르하지 피부미용에
아무효과가 없으니 양두구육에 속은 것이다."

어부지리
漁父之利

　전국시대 제(齊)나라에 군사를 파병한 연(燕)나라는 식량이 부족한 사태가 발생해서 난감한 상황에 빠지고, 이 소식을 접한 조(趙)나라의 혜문왕(惠文王)은 연나라를 공격하기 위한 준비를 서두른다.

　조나라가 또 연나라를 공격하려고 하자 이 소식을 들은 연나라의 왕은 제자백가 중 한 명인 소진(蘇秦)의 동생 소대(蘇代)에게 혜문왕을 설득해 줄 것을 부탁하고 이에 소대는 조나라 혜문왕을 찾아가 이런 이야기를 한다.

　"제가 조나라로 오는 도중 역수를 지나가다 강변에서 큰 조개가 살을 들어내고 햇볕을 쬐고 있는 것을 보았습니다. 그때 도요새가 나타나 조개의 살을 쪼아대자 조개는 껍데기를 닫아 도요새의 부리를 꽉 물었습니다. 그때 도요새가 '오늘도 비가 오지 않고 내일도 비가 오지 않는다면 너는 말라 죽고 말 것이다'라고 하자

　큰 조개는 '내가 오늘도 널 놓지 않고 내일도 놓지 않으면 너야말로 죽고 말 것이야'라고 말하며 서로 지려고 하지 않았습니다. 이렇게 서로 옥신각신하는데 지나가던 어부가 그 둘을 냉큼 잡아갔습니다. 지

금 조나라와 연나라가 서로 물어뜯고 싸운다면 강한 진나라가 어부가 되지 않을까 저는 그것이 걱정입니다."

이 말을 들은 조나라 혜문왕은 연나라를 공격하려는 것을 취소했다고 한다. 결국, 어부지리는 두 사람이 맞붙어 싸우는 바람에 엉뚱하게 제3자가 덕을 본다는 뜻으로 쓰인다.

이 고사에서 나오는 내용을 보고 방휼지쟁(蚌鷸之爭)이라는 사자성어도 만들어졌는데 방(조개), 휼(도요새)의 싸움이라는 뜻으로 제3자가 이득을 보는 어부지리와 같은 의미로 쓰인다.

漁父之利 두 사람이 다투고 있는 사이에 이 일과 아무 관계도 없는 제삼자가 이익을 보게 됨을 이르는 말.

단어의 구성은

漁(어) : 고기 잡을 어, 14획, 부수 : 氵　父(부) : 지아비 부, 4획, 부수 : 大
之(지) : 갈 지, 4획, 부수 : 丿　利(리) : 날카로울 리, 7획, 부수 : 刂

멋지게 한번 써볼까?

漁	父	之	利

이럴때 이렇게 표현하기

"이번 선거에서는 여당 후보와 야당 후보의 다툼 속에서
무소속 후보가 어부지리로 당선되었다."

167

먹다 남은 복숭아를 먹인 죄란 뜻으로, 애증의 변화를 예측하기 어려움을 비유하는 말이다. 전국시대 때 위나라의 미소년 미자하(彌子瑕)는 왕의 총애를 한 몸에 받고 있었다.

어느 날 어머니가 아프다는 소식을 들은 미자하는 급한 마음에 어머니에게 가기 위해, 왕의 수레를 탔다. 당시, 위나라 법에 왕의 수레를 몰래 타는 자에게는 발뒤꿈치를 자르는 '월형(刖刑)'이라는 형벌을 내리게 되어 있었는데, 왕은 왕의 수레를 탔다는 것을 듣고, 오히려 효성이 지극한 신하라고 칭찬했다.

또 어느 날 왕이 미자하의 과수원을 방문했을 때 마침 맛있는 복숭아를 먹고 있던 미자하는 먹고 있던 나머지 한쪽을 왕에게 바치자 왕은 그 맛있는 것을 남겨주었다며 기뻐했다. 세월이 흘러 미자하도 나이가 들고 황제의 총애도 멀어져 가서 미자하는 드디어 죄를 얻게 되었다. 마침내 왕은 "미자하는 거짓말을 하여 내 수레를 탔으며, 나에게 먹다 남은 복숭아를 주어 먹게 했다."라고 말하며 죄를 무겁게 다

뤘다.

'여도지죄'란 이처럼 과거에는 총애를 받던 일이 나중에는 죄의 근원이 된다는 것으로 애정과 증오의 변화가 심함을 가리킨다.

餘桃之罪

남은[餘] 복숭아[桃]의 죄[罪]
먹다 남은 복숭아를 먹인 죄란 뜻으로, 애증의 변화를 예측하기 어렵다는 것을 비유하는 말이다.

단어의 구성은

餘(여) : 남을 여, 16획, 부수 : 食　　桃(도) : 복숭아 도, 10획, 부수 : 木
之(지) : 갈 지, 4획, 부수 : 丿　　罪(죄) : 허물 죄, 13획, 부수 : 罒

멋지게 한번 써볼까?

餘	桃	之	罪

이럴때 이렇게 표현하기

"오늘 내가 한 행동에 대해 칭찬을 받았지만, 나중에는 비난을 받을 수도 있다.
그러므로 사람의 관계는
매사에 신중하게 생각하여 '여도지죄'를 짓지 않도록 해야 한다."

연목구어

緣木求魚

제나라 선왕(宣王)은 패자(霸者)의 꿈이 있었기 때문에 맹자(孟子)에게 춘추시대 패자였던 제나라 환공(桓公)과 진나라 문공(文公)의 사적(역사적으로 중요한 사건)을 물었다. 맹자는 패도(霸道)에 대하여는 잘 모른다고 한 다음 "폐하는 전쟁을 일으켜 백성의 생명을 위태롭게 하고 이웃 나라와 원한을 맺고 싶습니까?"라고 물었다.

왕은 빙그레 웃으며 그렇지 않으나 장차 큰 뜻을 실행하고 싶다고 대답했다.

맹자가 큰 뜻이 무엇인지를 물었으나 왕이 대답을 하지 않자 맹자는 이렇게 말했다.

"폐하께서 말씀하시는 큰 뜻이란 영토를 확장하여 진나라와 초나라 같은 나라로부터 문안을 받고 사방의 오랑캐를 어루만지고 싶은 것이겠죠. 하지만 그것은 나무에 올라가 고기를 구하는 것과 같습니다. 나무에서 물고기를 구하는 것은 실패해도 탈이 없지만, 폐하처럼 무력으로 뜻을 이루려고 하면 백성을 잃고 나라를 망치는 재난이 따라올 것입니다."

나무에 올라 고기를 구한다는 연목구어는 전쟁을 통해 패자가 되는 데만 관심 있는 제후들에게 그것이 얼마나 말도 안 되는 허황한 꿈인가를 알게 하고자 만든 비유이다.

緣木求魚

나무[木]에 올라 물고기[魚]를 구함[求]
불가능한 일을 무리해서 굳이 하려 함을 비유적으로 이르는 말.

단어의 구성은

緣(연) : 가선 연, 연줄 연, 15획, 부수 : 糸   木(목) : 나무 목, 4획, 부수 : 木
求(구) : 구할 구, 7획, 부수 : 氺   魚(어) : 고기 어, 11획, 부수 : 魚

멋지게 한번 써볼까?

緣	木	求	魚

이럴때 이렇게 표현하기

"실업자가 늘고 있는 상황에서 소비 심리가 개선되기를 바라는 것과
연구 개발에 투자하지 않으면서
세계적인 기업이 되기를 바라는 것은 연목구어나 다름없다."

오리무중

五里霧中

중국 후한 때 장해(張楷)라는 지조 굳은 학자가 있었는데, 그는 세속적 욕망에 눈먼 세도가들과 섞이기 싫어 시골로 들어가 숨어 살았다. 그의 아버지 장패(張覇)도 이름 있는 학자였는데, 권세에 아부하지 않고 고고하게 살았다. 장해도 아버지의 기상을 이어받아 많은 학자들이 그를 따랐다. 순제(順帝)는 하남윤(河南尹)에게 "장해의 행실은 원헌(原憲)을 따르고, 그 지조는 이제(夷齊)와 같다."하고 격찬하며, 예로써 맞이하게 했으나 장해는 이때도 병을 핑계로 나오지 않았다.

그런데 장해는 학문뿐 아니라 도술에도 능통하여, 곧잘 5리나 이어지는 안개를 일으켰다고도 한다. 당시 관서에 살던 배우(裵優)라는 사람도 도술로 3리에 걸쳐 안개를 만들 수 있었는데 5리 안개 소문을 듣고는 이를 전수받고자 장해를 찾아갔으나 그가 만든 5리 안개에 자취를 감추고 만나주지 않았다.

'오리무중'은 바로 장해가 일으켰던 '오리무(五里霧)'에서 비롯된 말이다.

어떤 사실을 숨기기 위해 교묘하고 능청스러운 수단을 써서 상대편이 갈피를 못 잡게 만드는 연막전술과 같은 것이다.

五里霧中

오리[五][里]나 되는 안개[霧] 속에[中] 있음

넓게 퍼진 안개 속에 있다는 뜻으로, 일의 갈피를 잡을 수 없거나 사람의 행적을 전혀 알 수가 없는 상태를 이르는 말.

단어의 구성은

五(오) : 다섯 오, 4획, 부수 : 二   里(리) : 마을 리, 7획, 부수 : 里

霧(무) : 안개 무, 19획, 부수 : 雨   中(중) : 가운데 중, 4획, 부수 : ㅣ

멋지게 한번 써볼까?

五	里	霧	中

이럴때 이렇게 표현하기

"이번 연쇄 살인 사건을 수사하고 있는 경찰은 실마리를 찾지 못하는 가운데 시간이 지날수록 사건이 오리무중에 빠져 곤혹스러워하고 있다."

오월동주
吳越同舟

오나라 사람과 월나라 사람이 같은 배를 탔다는 뜻으로 두 나라는 현재의 중국 남동쪽 장강 아래 남북으로 붙어 있던 나라로 서로 사이가 좋지 않았다. 하지만 두 나라 모두 바다와 강에 맞붙어 있기 때문에 물길을 이용하려면 같은 배를 타야 하는 상황이 자주 있었다.

이를 두고 손자의 『손자병법(孫子兵法)』에서는 이렇게 말한다.

"오나라와 월나라 사람들은 오래전부터 원수지간이다. 그들은 백성들까지도 서로 미워하고 있다. 그러나 오나라와 월나라의 사람이 함께 배를 타고 강을 건널 때에 바람이 불어와 배가 뒤집히면, 그 순간만큼은 묵은 감정을 잊고 서로 돕기를 좌우의 손이 협력하듯이 한다."

'오월동주'는 여기에서 나왔다. 즉 이 말은 서로 미워하면서도 공통의 어려움이나 이해에 대해서는 협력해야 한다는 말이며, 더 큰 적이 나타나면 사소한 적끼리는 뭉치는 것이 인지상정인바, 그래서 영원한 적도 영원한 우방도 없는 것이다.

吳越同舟

.
.
.

吳越同舟 | 오나라[吳] 사람과 월나라[越] 사람이 하나[同]의 배[舟]를 탄 형국
서로 나쁜 관계에 있는 사람들이 같은 처지에 놓여 어쩔 수 없이 협력해야 하는 상태가 됨을 이르는 말.

단어의 구성은

吳(오) : 나라 이름 오, 7획, 부수 : 口   越(월) : 넘을 월, 12획, 부수 : 走

同(동) : 한 가지 동, 6획, 부수 : 口   舟(주) : 배 주, 6획, 부수 : 舟

멋지게 한번 써볼까?

吳	越	同	舟

이럴때 이렇게 표현하기

"해외진출을 위해서는
사이가 좋지 않은 경쟁회사라도 오월동주 할 수밖에 없다."

옥상가옥

屋上架屋

유중(庾仲)이 공진의 수도 건강(建康)의 아름다움을 모사한 『양도부(揚都賦)』를 지었을 때 유량(庾亮)이 '그의 『양도부(揚都賦)』는 좌태충이 지은 『삼도부(三都賦)』와 비교해서 조금도 손색이 없다.'라고 과장된 평을 하자 사람들이 양도부를 서로 베끼려고 종이를 구해 장안의 종이가 귀해질 정도였다.

그러나 이 작품을 본 사안석(謝安石)은 이렇게 말했다.

"이것은 지붕 밑에 지붕을 걸쳤을 뿐이다. 전부 남의 말을 되풀이한 것에 다름없지 않은가?"

결국 남의 것을 모방해서 만든 독창성이 결여된 문장이란 뜻이다.

그 후 남북조시대 안지추(顔之推)가 자손을 위해 쓴 『안씨가훈(顔氏家訓)』에서는 '위진 이후에 쓰여진 모든 책들은 이론과 내용이 중복되고 서로 남의 흉내만을 내고 있으니 그야말로 지붕 밑에 또 지붕을 만들고 평상 위에 또 평상을 만드는 것과 같다.'라고 말하고 있다.

남의 글을 표절하는 일은 오래전부터 있었던 병폐이다. 여기서는 '옥하가옥'이 '옥상가옥'으로 변한 것이다.

글을 쓴다는 것은 참으로 어려운 일이다. 단편적 지식뿐만 아니라, 탁월한 상상력과 문학적 소질이 결부되어야 하는 작업이다. 남의 창작물을 그대로 모방하여 쓴다는 것은 옥상가옥과 같은 일임을 깨달아야 한다.

屋上架屋

지붕[屋] 위[上]에 지붕을 거듭 얹음[架][屋]
물건이나 일을 무의미하게 거듭함을 비유적으로 이르는 말.

단어의 구성은

屋(옥) : 집 옥, 9획, 부수 : 尸   上(상) : 위 상, 3획, 부수 : 一
架(가) : 시렁 가, 9획, 부수 : 木   屋(옥) : 집 옥, 9획, 부수 : 尸

멋지게 한번 써볼까?

屋	上	架	屋

이럴때 이렇게 표현하기

"글을 한 편 써 오라고 했더니 남들과 비슷한 이야기를 계속 반복해서 쓰다니,
그야말로 '옥상가옥'이 아닌가 싶다."

온고지신
溫故知新

『논어(論語)』에 나오는 공자의 주옥같은 말 중의 하나로 공자는 "옛 것을 익히어 새로운 것을 온전히 앎으로서 다른 사람의 스승이 된다." 라고 하였다.

고(故)는 역사를 가리키며 온(溫)은 고기를 모닥불에 끓여 국을 만든 다는 의미다. '온고(溫故)'는 역사를 깊이 탐구함으로써 새로운 상황을 정확히 파악한다는 뜻이다.

하루는 자장(子張)이 십대(十代) 왕조의 형편에 대해 공자에게 추측이 가능한지를 물었다.

공자는 "은나라는 하나라의 예와 법도를 이어받았으므로 서로를 비교해 보면 무엇이 같고 다른 것인지 알 수 있을 것이다. 뒤를 이어 주나라를 보면 그전 왕조와 무엇이 같고 다른지 알 수 있을 것이다. 이렇게 하면 십대가 아니라 백대까지도 추정이 가능해 진다."라고 말하며 탄식했다. 옛것에 대한 올바른 지식이 없이는 새로운 사태를 정확히 인식할 수 없다는 것이다.

옛것은 지나갔으니 무조건 버려야 한다는 생각보다는 옛것을 잘 익

히고 잘 다듬어 새로운 현상을 받아들이는 것이야말로 온고지신의 정
신이 아닐까 한다.

溫故知新 옛것을 익히고 그것을 통하여 새것을 앎을 뜻하는 말.

단어의 구성은

溫(온) : 따뜻할 온, 13획, 부수 : 氵   故(고) : 예 고, 9획, 부수 : 攵

知(지) : 알 지, 8획, 부수 : 矢   新(신) : 새 신, 13획, 부수 : 斤

멋지게 한번 써볼까?

溫	故	知	新

이럴때 이렇게 표현하기

"고전의 생명은 온고지신에 있다. 나는 '논어'라는 위대한 고전을
현대적인 관심에서 이것저것 재해석해 보려고 한다."

와신상담
臥薪嘗膽

춘추전국시대 오나라 왕 합려(闔閭)는 월나라에 쳐들어갔다. 그러나 합려는 그 싸움에서 패하고 독화살에 맞아 죽으며 아들인 부차(夫差)에게 "너는 구천(句踐)이 이 아비를 죽인 원수라는 것을 잊지 말아라."라는 유언을 남겼다.

부차는 나라에 돌아오자 섶 위에서 잠을 자며, 방문 앞에 사람을 세워 두고 출입할 때마다 "부차야 아비 죽인 원수를 잊었느냐."라고 외치게 하였다.

이런 부차의 소식을 듣고 먼저 쳐들어온 월나라 왕 구천은 회계산에서 항복을 하게 된다. 구천은 내외가 포로가 되어 3년 동안 부차의 노복으로 일하는 등 갖은 모욕과 고초를 겪은 뒤에야 겨우 자기 나라로 돌아올 수 있었다. 구차는 돌아오자 잠자리 옆에 쓸개를 매달아 놓고 항상 그 쓴맛을 되씹으며 자신의 치욕적 패배를 잊지 않고자 자신을 채찍질했다.

이로부터 20년이 흐른 후 월나라 왕 구천이 오나라를 쳐 이기고 부차로 하여금 자살하게 하였다. 와신상담은 부차의 와신, 즉 섶나무에 누워 잔 것과 구천의 상담, 즉 쓸개를 맛본 것이 합쳐서 된 말로 원수를 갚기 위하여 굳은 결심을 하고 어려움을 참고 견디는 것을 이르는 말이다.

臥薪嘗膽

섶나무[薪] 위에 눕고[臥] 쓸개[膽]를 맛봄[嘗]
원수를 갚으려 하거나 실패한 일을 다시 이루고자 굳은 결심을 하고 어려움을 참고 견디는 것을 이르는 말.

단어의 구성은

臥(와) : 누울 와, 8획, 부수 : 臣 　薪(신) : 섶나무 신, 17획, 부수 : 艹
嘗(상) : 맛볼 상, 14획, 부수 : 口 　膽(담) : 쓸개 담, 17획, 부수 : 月

멋지게 한번 써볼까?

臥	薪	嘗	膽

이럴때 이렇게 표현하기

"지난 해, 경기에서 대패한 수모를 갚기 위해
우리 선수단은 와신상담의 자세로 이번 대회를 준비했다."

용두사미
龍頭蛇尾

　　육주(陸州) 용흥사(龍興寺)의 승려 진존자(陳尊者)는 도를 깨치기 위해 절을 떠나 천하를 방랑했는데, 나그네를 위해서 짚신을 삼아 길에 걸어 두고 다녔다고 한다. 이러한 진존자가 연로해졌을 때였다. 하루는 중을 한 사람 만났는데 눈빛이 몹시 날카로워 예사롭지가 않았다. 더구나 그는 '에잇!'하는 기합만을 낼 뿐으로 그다음의 행동은 이어지를 않았다. 그러나 모양새가 너무 근엄하여 마치 도를 닦은 고승처럼 생각되었다. 이때 진존자의 머리에 스쳐 가는 것이 있었다. 이 스님의 행동은 겉으로 보면 굉장히 도력이 높은 것 같으나 실제로 그렇지 못하다는 결론을 지었다. "이 사람은 그럴 듯하나 진면목은 다를 것이다. 모르긴 해도 분명 용의 머리에 뱀의 꼬리이기가 쉬울 것이야" 라고 생각했다.

　　진존자는 또 이렇게 말했다.

　　"스님께서는 계속 기합만 지르시는 데 결론은 언제 짓습니까?"

그때서야 그 스님은 할 말을 잃고 슬그머니 떠나버렸다고 한다.

'용두사미'는 처음은 그럴듯하게 시작했지만, 끝이 흐지부지되는 경우를 빗대어 표현하는 말이다.

龍頭蛇尾

용[龍] 머리[頭]에 뱀[蛇]의 꼬리[尾]
머리는 용이나 꼬리는 뱀이라는 뜻으로, 처음은 좋으나 끝이 좋지 않음을 비유적으로 이르는 말.

단어의 구성은

龍(용) : 용 용(룡), 16획, 부수 : 龍 　 頭(두) : 머리 두, 16획, 부수 : 頁

蛇(사) : 뱀 사, 11획, 부수 : 虫 　 尾(미) : 꼬리 미, 7획, 부수 : 尸

멋지게 한번 써볼까?

龍	頭	蛇	尾

이럴때 이렇게 표현하기

"너는 어떻게 하는 일마다 용두사미냐? 네가 일을 시작하는 것은
숱하게 보았는데 끝내는 것도 없고
좋은 결과를 한 번도 본 적이 없는 것 같으니 답답하기만 하다."

    태행산(太行山)과 왕옥산(王屋山)은 둘레가 7백 리나 되는 매우 큰 산이다. 그런데 우공(愚公)이란 사람은 나이가 90살이나 되었는데도 어디를 갈 때 이 두 산을 돌아가야 하는 불편을 없애고자 가족끼리 화합하여 산을 깎아 평평하게 하기로 했다.

    우공은 세 아들과 손자들을 데리고 작업을 시작했다. 그런데 우공이 산을 파서 바다에 버리고 오는 데는 1년에 두 차례 정도 할 수 있었다.

    이것을 보고 황하의 지수라는 사람이 물었다.

    "당신과 당신 가족의 힘으로는 평생 산의 귀퉁이도 허물기 힘든데 어떻게 큰 산의 돌과 흙을 옮긴단 말이오?" 이 말을 듣고 우공은

    "내가 죽으면 자식이 있고 그 자식의 손자, 손자에 증손자 이렇게 자자손손 대를 이어 하면 산은 불어나지 않을 것이니 언젠가는 평평해지지 않겠소."

    지수는 어처구니가 없어 말문이 막혔다. 그러나 이 말에 놀란 두 산의 산신령이 산을 허무는 우공의 노력이 끝없이 계속될까 겁이 나 옥황상제에게 이 일을 말려주도록 호소하는데, 옥황상제는 우공의 정성

에 감동해 가장 힘이 센 과아씨(夸娥氏)의 아들을 시켜 두산을 옮겨 하나는 삭동에 두고 하나는 옹남에 두게 했다고 한다.

어리석은 노인이 산을 옮긴다는 뜻의 우공이산은 쉬지 않고 꾸준하게 한 가지 일만 열심히 하면 마침내 큰일을 이룰 수 있음을 이르는 말이다.

愚公移山
어리석은 영감이 산을 옮긴다는 뜻으로, 어떤 일이든 꾸준하게 열심히 하면 반드시 이룰 수 있음을 이르는 말.

단어의 구성은

愚(우) : 어리석을 우, 13획, 부수 : 心   公(공) : 공변될 공, 4획, 부수 : 八
移(이) : 옮을 이, 11획, 부수 : 禾   山(산) : 메 산, 뫼 산, 3획, 부수 : 山

멋지게 한번 써볼까?

이럴때 이렇게 표현하기

"남들이 뭐라 말을 해도 나는 언제나 우공이산이라는 말을
마음속에 두고 일한다."

진시황이 죽고 2세가 즉위하자 그렇게 견고하게 보이던 진나라의 기반도 흔들리기 시작했다. 무명 청년인 진승(陳勝)이 반란을 일으키자 의외로 호응하는 사람들이 많아 여기저기 군현에서 지방관을 죽이고 군사를 일으키는 자가 속출하였다.

패현의 현령도 스스로 백성을 이끌고 진승에 호응하고자 하여, 소하(蕭何)와 조참(曹參)을 불러 상의하였다. 그러자 소하와 조참은, "진나라의 관리인 현령이 반란에 가세한다면, 자칫 백성들이 믿지 않을 수 있습니다. 따라서 진나라의 가혹한 정치와 부역을 피해 유방(劉邦)을 따라 성 밖으로 도망간 백성들을 불러들이십시오. 유방의 도움을 받으면 모두 복종할 것입니다."라고 하였다. 이에 현령은 유방을 불러오게 했는데 실제 유방이 100명의 무리를 이끌고 오는 것을 보자 혹여 그들이 자신을 배신할까 두려워 성문을 걸어 잠그고 소하와 조참을 죽이려 했다. 그러나 소하와 조참은 이미 유방에게 떠난 뒤였고 그때 유방은 비단 폭에 글을 써서 성위로 화살을 쏘아 보내 현령을 죽이고 성문을 열게 했다.

"제후들이 사방에서 일어나고 있는 이때 현령을 잘못 만나면 한 번의 패배로 피와 창자가 땅을 바르게 된다. 즉각 현령을 갈아치워라."

이 말을 듣고 성안에 있던 유자들이 현령의 목을 베고 유방을 새로운 현령으로 맞이했다. 마침내 유방은 현령이 되어 패공이라 일컬어졌으며 한의 건국 기초를 쌓게 되었다.

일패도지란 한 번 싸움에 패해 땅에 떨어진다는 뜻으로 철저하게 다시는 일어설 수 없음을 비유한 말이다.

一敗塗地 여지없이 패하여 다시 일어날 수 없게 됨

단어의 구성은

一(일) : 한 일, 1획, 부수 : 一 　　敗(패) : 패할 패, 11획, 부수 : 攵
塗(도) : 진흙 도, 13획, 부수 : 土 　　地(지) : 땅 지, 6획, 부수 : 土

멋지게 한번 써볼까?

一	敗	塗	地

이럴때 이렇게 표현하기

"이라크의 군대는 적벽의 싸움에서
미군과 유럽의 연합군에게 '일패도지'하고 말았다."

輾轉反側

전전반측은 수레바퀴가 한없이 돌며 옆으로 뒤척인다는 뜻으로, 생각과 고민이 많아 잠을 이루지 못하거나 잠을 이루지 못해 뒤척임을 되풀이하는 것을 형용한 말이다.

『시경(詩經)』에는 다음과 같은 구절이 있다.

요조숙녀는 군자의 좋은 짝이로다.
요조숙녀를 자나 깨나 구한다.
구해도 얻지 못한지라 자나 깨나 생각한다.
생각하고 또 생각하며 옆으로 누웠다 엎었다 뒤쳤다 한다.

이것은 남녀의 순수한 애정의 노래다. 이 시를 평하여 공자께서는 "즐거우면서도 음탕하지 않고 슬프지만, 마음이 상하지 않는다."라고 했다.

'전전반측'은 착하고 아름다운 여인을 그리워하여 잠을 이루지 못하는 것을 묘사한 것이었는데 지금은 많은 고민과 걱정으로 잠을 이루지 못하는 경우에도 쓰이고 있다.

輾轉反側

누워서 몸을 이리저리 뒤척이다. 생각과 고민이 많아 밤새도록 몸을 뒤척이며 잠을 이루지 못하는 것을 비유하는 말이다.

단어의 구성은

輾(전) : 돌 전, 17획, 부수 : 車   轉(전) : 구를 전, 18획, 부수 : 車
反(반) : 돌이킬 반, 4획, 부수 : 又   側(측) : 곁 측, 11획, 부수 : 亻

멋지게 한번 써볼까?

輾	轉	反	側

이럴때 이렇게 표현하기

"나이가 들수록 살아왔던 과거에 대한 회한과 함께 미래에 대한 걱정으로
'전전반측'하는 날이 점점 많아진다."

189

전화위복

轉禍爲福

『사기열전(史記列傳)』에 보면 관중(管仲)을 평하기를 다음과 같다고 하였다. "정치적으로 그는 번번이 화를 전환시켜 복으로 하고 실패를 전환시켜 성공으로 이끌었다. 어떤 사물에 있어서도 그 경중을 잘 파악하여 그 균형을 잃지 않도록 신중하게 처리했다."

전국시대 합종책(合從策)으로 한(韓), 위(魏), 조(趙), 연(燕), 제(齊), 초(楚)의 여섯 나라 재상을 겸임하였던 소진(蘇秦)도 다음과 같은 말을 하였다고 한다.

"옛날, 일을 잘 처리했던 사람은 화를 바꾸어 복이 되게 했고, 실패한 것을 바꾸어 공이 되게 하였다."

화가 바뀌어 오히려 복이 된다는 전화위복은 힘들고 불행한 일이 닥칠지라도 강인한 정신력과 불굴의 의지로 이겨내고 맞서면, 그것을 더 큰 행복으로 바꾸어 놓을 수 있다는 말이다. 불행을 맞고도 가만히 손 놓고 있는데 저절로 화가 복으로 바뀌지는 않는다. 고생 끝에 낙이 온다는 고진감래(苦盡甘來)라는 말이 있듯이 어떤 어려움도 지혜롭게 맞선다면 행복은 찾아오게 마련이다. 그러다 보면 더욱더 성장한 자신을 발견하지 않을까 생각한다.

　그러나 아쉽게도 요즘은 이 같은 의지력보다는 "전화위복이 될지 누가 알랴."라는 말로 요행이 강조되어 쓰인다.

轉禍爲福
재앙[禍]이 바뀌어[轉] 오히려 복[福]이 됨[爲]
좋지 않은 일이 계기가 되어 오히려 좋은 일이 생김을 이르는 말.

단어의 구성은

轉(전) : 구를 전, 18획, 부수 : 車　　禍(화) : 재난 화, 14획, 부수 : 示

爲(위) : 할 위, 12획, 부수 : 爫　　福(복) : 복 복, 14획, 부수 : 示

멋지게 한번 써볼까?

이럴때 이렇게 표현하기

"사업이 계획대로 이루어지지 않았다고 너무 낙심하지 마라.
이 일이 '전화위복'이 될지 어떻게 알겠느냐?"

朝三暮四

    송나라에 저공(狙公)이란 사람이 있었다. 본래의 이름이 있었을 터이지만 워낙 원숭이를 좋아했기 때문에 그렇게 불리는 것으로 풀이된다 (狙는 원숭이를 뜻함). 저공은 원숭이를 너무 좋아하여 집에도 많은 원숭이가 있었다.

    원숭이가 많다 보니 들어가는 사료 역시 너무 많아지게 되었고, 저공은 원숭이들의 기분을 상하지 않게 하는 방법으로 사료 줄이기 위해 묘안을 떠올려 내었다.

    저공은 원숭이들에게 말했다.

    "너희들에게 줄 도토리를 앞으로는 아침에 세 개, 저녁에 네 개 주려고 한다."

    그러자, 원숭이들은 아침이 적다고 불평을 했다.

    원숭이들이 불평을 하자 저공은 "그러면 아침에 네 개, 저녁에 세 개를 주면 어떻겠느냐?"라고 다시 물었다. 그러자 원숭이들은 아침에 네 개라는 데 만족하여 손뼉을 치며 좋아 했다.

    이 이야기는 원래 저공이 원숭이를 다루듯 지혜로운 자는 대중을 힘들이지 않고 교묘히 다스릴 수 있음을 뜻한 것인데, 지금은 눈앞에 보이는 차이만 알고 결과가 같은 것임을 모르는 어리석음을 비유하거나 남을 농락해 속이는 행위를 비유할 때 쓰인다.

하지만, 사회의 변화 속도가 빠르고 변수가 많은 오늘날, 원숭이의 태도가 꼭 어리석다고 말할 수는 없을 것이다. 결과적으로 받게 되는 도토리 수에 차이가 없더라도, 비교적 이른 시간에 더 많은 도토리를 미리 손에 넣어 두는 편이 미래에 대한 위험요소에 대비하는 측면에서는 더 유리한 사고방식이라 볼 수 있다.

朝三暮四
아침[朝]에 셋[三] 저녁[暮]에 넷[四]
자기의 이익을 위해 교활한 꾀를 써서 남을 속이고 놀리는 것을 이르는 말.

단어의 구성은

朝(조) : 아침 조, 12획, 부수 : 月   三(삼) : 석 삼, 3획, 부수 : 一
暮(모) : 저물 모, 15획, 부수 : 日   四(사) : 넉 사, 5획, 부수 : 囗

멋지게 한번 써볼까?

| 朝 | 三 | 暮 | 四 |

이럴때 이렇게 표현하기

"회사에서는 복지를 위한 근본적인 대책을 제시하기보다는
조삼모사로 우리를 구슬려 이용할 것이다."

좌고우면
左顧右眄

'좌고우면'은 중국 삼국시대 위나라의 조식(曹植)이 오질(吳質)에게 보낸 편지에서 나온 말이다. 조식은 당대 문단에서 아버지 조조(曹操), 형 조비(曹丕)와 더불어 문학적 재능이 뛰어났다. 오질은 조비가 위나라 문제(文帝)로 등극하는 과정에서 큰 공을 세워 총애를 받아 진위장군까지 지냈고 20등급 작위 가운데 가장 높은 열후(列侯)에까지 오른 인물이다. 두 사람 간에 오간 편지 중에 다음과 같은 내용이 있다.

"술잔에 가득한 술은 앞에서 넘실거리고, 퉁소와 피리가 뒤에서 연주될 때면, 그대는 마치 독수리처럼 몸을 일으켜 봉황이 살피고 호랑이가 보는 듯이 합니다. 그와 같은 모습은 유방의 이름난 신하인 소하(蕭何)나 조참(曹參)도 미치지 못하고, 흉노를 무찌른 위청(衛靑)이나 곽거병(霍去病)도 그대와 어깨를 나란히 할 수 없을 것입니다. 왼쪽을 돌아보고 오른쪽을 살펴보아도 마치 앞에 사람이 없는 듯이 한다고 할 것이니, 그야말로 그대의 장대한 포부가 아니겠습니까!"

조식은 이 글에서 오질의 재능과 학식을 칭찬하며 의기양양하고 자

194

신만만한 그의 모습을 빗대어 형용하였다. 이처럼 원래 좌고우면은 '좌우를 바라보면서 자신만만한 모습'을 뜻하였는데, 나중에 '앞뒤를 재고 망설이며 결단을 내리지 못하는 태도'를 나타내는 말로도 사용하게 되었다.

左顧右眄

좌[左]쪽을 돌아보고[顧] 우[右]쪽을 곁눈질[眄] 함
이쪽저쪽을 돌아본다는 뜻으로, 무엇을 결정하지 못하고 이리저리 생각해 보며 망설임을 이르는 말.

단어의 구성은

左(좌) : 왼 좌, 5획, 부수 : 工   顧(고) : 돌아볼 고, 21획, 부수 : 頁

右(우) : 오른쪽 우, 5획, 부수 : 口   眄(면) : 애꾸눈 면, 9획, 부수 : 目

멋지게 한번 써볼까?

左	顧	右	眄

이럴때 이렇게 표현하기

"개인적인 상황이 너무 급박하여
좌고우면의 겨를도 없이 먼저 일을 결정해 버렸다."

죽마고우
竹馬故友

진나라의 은호(殷浩)는 식견과 도량이 넓었지만, 은사(隱士, 세상을 피하여 조용히 살고 있는 선비)로 있었다. 당시에 은호와 필적할 인물로, 촉(蜀)을 평정하여 대단한 명성을 얻고 있던 환온(桓溫)이 있었는데, 간문제(진나라의 제12대 황제이자, 동진의 제8대 황제)가 날로 세력이 커지는 환온을 견제하려고 환온의 어릴 때 친구인 은호를 벼슬에 임명했기 때문에 두 사람은 라이벌 관계가 되었다.

그 무렵 후조(後趙)에 내분이 발생하여 동진의 조정은 논의 끝에 오랑캐들에게 빼앗긴 땅을 되찾을 절호의 기회라고 생각해 군대를 동원하고, 대장에 은호를 임명했다. 그리하여 은호는 군대를 이끌고 출발했는데, 도중에 말에서 떨어지는 바람에 싸움다운 싸움도 못 해 본 채 참패하고 말았다. 은호가 호족 반란군 진압에 실패하여 귀양을 떠났고, 그 후에 환온이 은호를 상서령(尙書令)을 삼겠다는 소식을 보내자 은호는 친구의 우정을 기뻐하면서 화답하는 답장을 썼다. 그러나, 몇 번이고 봉투에서 편지를 꺼내서 다시 쓰기를 번복하다 막상 편지를 보낼 때 실수로 빈 봉투를 보내고 말았다. 알맹이가 없는 편지를 본

196

환온은 은호가 자기를 농락하는 줄 알고 끝내 불러들이지 않는 바람에 은호는 귀양지에서 삶을 마감하고 말았다.

그가 죽고 나자 환온은 이렇게 말했다.

"은호는 내가 어렸을 때 함께 자라면서 죽마를 타고 놀던 친구였다오(竹馬故友). 내가 죽마를 타고 버리면 그는 언제나 내가 버린 죽마를 주워서 타곤 하였지요. 그러니 그가 내 앞에서 고개를 숙이는 건 당연한 일이 아니겠소."

竹馬故友

대나무로 만든 말을 타고 놀던 벗이라는 뜻으로, 어릴 때부터 같이 놀며 자란 친한 벗을 이르는 말.

단어의 구성은

竹(죽) : 대나무 죽, 6획, 부수 : 竹   馬(마) : 말 마, 10획, 부수 : 馬
故(고) : 연고 고, 9획, 부수 : 攵   友(우) : 벗 우, 4획, 부수 : 又

멋지게 한번 써볼까?

竹	馬	故	友

이럴때 이렇게 표현하기

"같은 동네에서 죽마고우로 자라 직장생활까지
함께하는 경우는 아마 극히 드물 것이다."

지록위마
指鹿爲馬

기원전 210년, 진나라 시황제가 죽자 환관 조고(趙高)는 나이 어린 호해(胡亥)를 2세 황제로 내세우고 경쟁 관계에 있던 승상 이사(李斯)를 비롯한 많은 신하를 죽이고 승상의 자리에 올라 조정의 실권을 장악했다.

그러나 조고의 야심은 그 자신이 황제가 되는 것이었다. 그래서 조고는 반란을 일으키려 했으나 군신들이 자기를 따르게 될지 염려하여 꾀를 내었다. 어느 날 사슴을 2세에게 바치고 "이것은 말입니다."했다. 그러자 2세는 웃으며 "승상이 실수를 하는구려. 사슴을 보고 말이라고 하니."라고 말했다. 승상은 다시 대꾸했다. "아닙니다. 말이옵니다."

그래서 2세는 좌우에 있는 중신들에게 물었다. 어떤 중신은 말없이 있었고, 어떤 중신은 조고의 편을 들어 말이라 하고, 어떤 중신은 정직하게 사슴이라고 대답했다. 그러자 조고는 사슴이라고 대답한 중신들은 모조리 감옥에 넣고 말았다. 그 뒤로는 모든 중신들이 조고가 무서워 그가 하는 일에 의견을 말하지 못했고 나라꼴이 이 모양이 되었으니 그 후 진나라의 멸망은 시간문제였던 것이다.

이 후 윗사람을 농락해 권세를 자기 마음대로 휘두르는 것을 비유할 때 이 말이 인용되었고, 오늘날 그 뜻이 확대되어 모순된 것을 끝까지 우겨 남을 속인다는 뜻으로 쓰이기도 한다.

指鹿爲馬

사슴[鹿]을 가리켜[指] 말[馬]이라 함[爲]
사슴을 말이라 우기는 듯, 윗사람을 농락해 권세를 자기 마음대로 휘두르는 것을 비유하는 말이다.

단어의 구성은

指(지) : 손가락 지, 9획, 부수 : 扌　鹿(록) : 사슴 록, 11획, 부수 : 鹿

爲(위) : 할 위, 12획, 부수 : 爫　馬(마) : 말 마, 10획, 부수 : 馬

멋지게 한번 써볼까?

指	鹿	爲	馬

이럴때 이렇게 표현하기

"그의 처신은 자기 이익을 위해
기업의 방침을 거스르는 지록위마와 같은 행위이다."

창업수성
創業守成

당나라 태종이 신하들을 보고 물었다.

"제왕의 사업은 창업(創業, 나라를 세우는 것)이 어려운가, 수성(守成, 나라를 유지하는 것)이 어려운가?"

이때 방현령(房玄齡)이 대답했다.

"어지러운 세상에는 수많은 영웅들이 다투어 일어나, 이들과 싸워 승리를 얻어야 하므로 창업이 어려운 줄 압니다."

그때 위징(魏徵)이 말했다.

"제왕이 처음 일어날 때는 반드시 먼저 있던 조정이 부패해 있고 천하가 혼란에 빠져 있기 때문에, 백성들은 무도한 임금을 넘어뜨리고 새로운 천자를 기뻐서 받들게 됩니다. 이것은 하늘이 주시고 백성들이 따르는 것이므로 어려울 것이 없습니다. 그러나 이미 천하를 얻고 나면 마음이 교만해지고 편해져서 정사에 게으른 나머지, 백성은 조용하기를 원하는데, 부역이 쉴 사이 없고, 백성은 피폐할 대로 피폐되어 있으며 나라에서는 사치를 하고, 불급한 공사를 일으켜 세금을 거두고 부역을 시킵니다. 나라가 기울게 되는 것은 언제나 여기서부터 시작됩니다. 이로 보아 수성이 더 어려운 줄 압니다."

태종은 두 사람의 말이 다 옳다고 한 다음 "우리에게 남은 것은 수성뿐이니 우리 다 같이 조심하자."라고 말했다고 한다.

사업이든 공부든 시작하기는 쉽지만, 그것을 지키고 이루기란 쉽지가 않다는 말이며, 초심을 잃지 않고 꾸준히 하다 보면 반드시 좋은 결과가 있으리라 생각한다.

創業守成

나라를 세우는 일과 이를 지켜 나가는 일이라는 뜻으로, 일을 시작하는 것은 쉽지만 이룬 것을 지키는 것은 어려움을 이르는 말.

단어의 구성은

創(창) : 시작할 창, 12획, 부수 : 刂   業(업) : 업 업, 13획, 부수 : 木
守(수) : 지킬 수, 6획, 부수 : 宀   成(성) : 이룰 성, 6획, 부수 : 戈

멋지게 한번 써볼까?

創	業	守	成

이럴때 이렇게 표현하기

"우리나라는 산업화 시대의 역사가 짧은데도 불구하고 창업수성에 성공한 기업가들이 아주 많은데, 이는 아마 머리가 좋고 부지런한 우리의 민족성과 관계가 많을 것이다."

천재일우

千載一遇

예로부터 중국인들은 '천(千)'이라는 말을 즐겨 사용했다. '봉황새가 천 년에 한번 운다.' '황하의 누런 황토물이 천 년에 한번은 맑아진다.' 등이 그 예이다. '천'을 반드시 '천 년'이라고 못을 박아 이해하기 보다는 '오랜 세월'이라는 의미로 받아들이는 것이 무난하다.

동진의 학자로서 동양태수를 역임한 원굉(元宏)은 『삼국명신서찬(三國名臣序贊)』이란 글을 남겼다. 이 중 위나라의 순문약(순욱, 중국 후한 말기 조조의 책사)을 찬양한 글에서 원굉은 '대저 명마를 가릴 줄 아는 전문가 백락을 만나지 못하면 천 년이 지나도 천리마 한 필 찾아내지 못한다.'고 적고 현군과 명신의 만남이 절대 쉽지 않다는 것을 비유적으로 표현하였다.

"대저 만 년에 한 번 태어나 사는 것은 사람이 살고 있는 세상의 법칙이요, 천 년에 한 번 만나게 된다는 것은 어진 사람과 지혜로운 사람이 용케 만나는 것이다. 이런 기회를 만나면 그 누가 기뻐하지 않으며, 이를 놓치면 그 누가 한탄하지 않겠는가?"

여기서의 '천재일우'는 지혜로운 임금과 뛰어난 신하의 만남이 결코 쉽지 않다는 것을 비유한 것이다.

千載一遇
천 년 동안 겨우 한 번 만난다는 뜻으로, 좀처럼 만나기 어려운 좋은 기회를 이르는 말.

단어의 구성은

千(천) : 일천 천, 3획, 부수 : 十   載(재) : 실을 재, 13획, 부수 : 車

一(일) : 한 일, 1획, 부수 : 一   遇(우) : 만날 우, 13획, 부수 : 辶

멋지게 한번 써볼까?

千	載	一	遇

이럴때 이렇게 표현하기

"지금까지 힘들고 어려웠던 일들이 지속되었는데 이제는 절대로 놓쳐서는 안 되는 천재일우의 기회가 온 것이 아닌가 싶다."

轍鮒之急

『장자(莊子)』의 '외물편(外物篇)'에 나오는 말이다.

장주(莊周)가 가세가 매우 어려워 감하후(監河後)라는 사람에게 양식을 빌리러 갔다.

감하후는 "좋소, 내 영토에서 세금이 들어오면 빌려 드리겠소."라고 말했다.

장주는 화가 치밀어 정색하고 다음 이야기를 해 주었다.

어제 이리로 오는데 부르는 소리가 들려 뒤돌아보았더니, 수레바퀴 지나간 자리에 붕어가 있었소. 왜 불렀느냐고 물었더니, "나는 동해의 파신(고기라는 뜻)인데, 어떻게 한두 바가지 물로 나를 살려 줄 수 없겠소."하는 것이었소.

그래서 나는 이렇게 말했다오.

"알았네. 내가 곧 오나라, 월나라 임금을 만나게 될 테니, 그때 서강의 물을 끌어다가 그대를 살려 주겠네."

그러자 붕어가 화를 내며 이렇게 말했소.

"나는 지금 죽느냐 사느냐의 고비에 있소. 나는 한두 바가지 물만 있으면 살 수 있소. 그런데 당신은 태평스럽게 당신 볼일을 끝내고 물을 떠다 주겠다니, 차라리 일찌감치 건어물 가게로 가서 나를 찾으시오.”

이렇듯 철부지급이란 매우 위급한 상황이나 급히 도와주어야 할 형편을 이르는 말이다.

轍鮒之急

수레바퀴 자국[轍]에 괸 물에 있는 붕어[鮒]의 급함[急]이라는 뜻으로, 매우 위급한 처지에 있거나 몹시 고단함을 이르는 말.

단어의 구성은

轍(철) : 바퀴 자국 철, 19획, 부수 : 車　鮒(부) : 붕어 부, 16획, 부수 : 魚
之(지) : 갈 지, 4획, 부수 : 丿　　　急(급) : 급할 급, 9획, 부수 : 心

멋지게 한번 써볼까?

| 轍 | 鮒 | 之 | 急 |

이럴때 이렇게 표현하기

“과거 외환위기로 암울했던 ‘철부지급’의 국가 상황을 생각하면 실로 상전벽해 수준의 반전이라 할 만하다.”

청천벽력
靑天霹靂

청천벽력은 전혀 예상치 못한 일을 맞닥뜨렸을 때 쓰는 말로 붓의 기세가 힘차게 움직임을 비유하거나 갑자기 일어난 큰 사건이나 이변을 비유하는 말이다.

남송의 시인 육유(陸遊)의 시에서 나온 표현이다. 육유의 자는 무관(務觀)이고 호는 방옹(放翁)이다. 육유는 자신의 뛰어난 필치를 가리켜, '푸른 하늘에 벽력을 날린 듯하다' 고 했는데 그 시를 보면 다음과 같다.

병상에 누워 있던 늙은이가 가을이 지나려 하매
홀연히 일어나 취한 듯 붓을 놀린다.
정말로 오랫동안 웅크린 용과 같이
푸른 하늘에서 벽력이 날리는 듯하다.
비록 이 글이 좀 괴이하고 기이하나
불쌍히 여겨 보아준다면
갑자기 이 늙은이가 죽기라도 하면
천금을 주고도 구하지 못하리라.

이 시는 여름에서 늦가을까지 병마에 허덕이던 육유가 어느 날 병을 이겨 낸 것 같은 생각에 붓을 들어 글을 쓰는 장면을 그린 것인데, 여기에서 유래하여 '청천벽력'은 필치가 웅혼한 것을 비유하는 말로 쓰이게 되었다. 오늘날에는 '마른하늘에 날벼락'이라는 말과 같이 예기치 못한 큰 변을 비유하는 말로 쓰인다.

靑天霹靂

맑은[靑] 하늘[天]에 벼락[霹][靂]
푸르게 갠 하늘에서 치는 날벼락이라는 뜻으로, 뜻밖에 일어난 큰 변고나 사건을 비유적으로 이르는 말.

단어의 구성은

靑(청) : 푸를 청, 8획, 부수 : 靑   天(천) : 하늘 천, 4획, 부수 : 大
霹(벽) : 벼락 벽, 21획, 부수 : 雨   靂(력) : 벼락 력, 24획, 부수 : 雨

멋지게 한번 써볼까?

靑	天	霹	靂

이럴때 이렇게 표현하기

"교통사고로 아들이 죽었다는 청천벽력 같은 소식에 유가족들은 넋을 잃었다."

청출어람
靑出於藍

『순자(荀子)』의 '권학편(勸學篇)'에 나오는 말이다.

배움을 그쳐서는 안 된다.
푸름은 쪽에서 취하였지만, 쪽보다 푸르고
얼음은 물이 만들지만, 물보다 더 차다.

청출어람은 '푸른색은 쪽에서 나왔지만, 쪽빛보다 더 푸르다'는 뜻
으로 제자가 스승보다 나음을 비유적으로 표현하는 말이다.

학문에 뜻을 둔 사람은 끊임없이 발전과 향상을 목표로 하여 노력
해야 하고 중도에서 그만두어서는 안 된다. 여기서 푸름과 얼음은 두
가지 모두 사람에게 있어서 학문이라고 할 수 있다.

그 과정을 거듭 쌓음으로써 그 성질이 더욱 깊어지는 것이다. 스승
에게 배우되 열심히 익히고 행함으로써 스승보다 더 깊고 높은 학문
과 덕을 갖추게 될 것이다.

마음이 좁은 사람이 스승이라면 제자의 발전을 시기하거나 질투할
수도 있다. 하지만 절대 그런 마음을 가질 것이 아닌 게, 자신이 잘 가

르치고, 잠재력을 올려 훌륭한 인재를 낳은 것이기 때문에 자부심을 가질만한 사항이다. 또한, 제자의 입장에서는 스승보다 더 나은 실력을 갖추기 위해 열심히 공부하는 자세를 지녀야 한다. 가르쳐 준 것에 만족하고 끝나버린다면 정말 딱 거기까지인 것이다. 그러므로 청출어람은 제자의 입장에서만 좋은 것이 아니라 스승의 입장에서도 훌륭한 부분이기에 서로가 윈윈(win-win)하는 것이라고 볼 수 있다. 둘 다 성장하는 것이다.

靑出於藍

쪽에서 뽑아낸 푸른 물감이 쪽보다 더 푸르다는 뜻으로, 제자가 스승보다 나음을 비유적으로 이르는 말.

단어의 구성은

靑(청) : 푸를 청, 8획, 부수 : 靑　　出(출) : 날 출, 5획, 부수 : 凵

於(어) : 어조사 어, 8획, 부수 : 方　　藍(람) : 쪽 람, 18획, 부수 : 艹

멋지게 한번 써볼까?

이럴때 이렇게 표현하기

"제자가 된 자로서 청출어람 하지 못하면
스승에 대한 제자의 예를 다하지 못한 것이다."

촌철살인
寸鐵殺人

'촌철'은 한 치 길이의 작고 날카로운 쇠붙이나 무기를 말한다. 한 치는 성인 남성의 손가락 한 마디 길이로, 한 치의 쇠붙이라면 아주 작은 칼 정도라고 할 수 있다. 그런데 이렇게 작은 쇠붙이도 잘못 쓰면 사람을 해치는 무서운 무기가 될 수 있다. '촌철살인'의 유례를 이야기하자면 다음과 같다.

남송에 나대경(羅大經)이라는 학자가 있었다. 그가 밤에 집으로 찾아온 손님들과 함께 나눈 담소를 기록한 것이 『학림옥로(鶴林玉露)』이다. 거기에 보면 종고선사(宗⬚禪師)가 선(禪)에 대해 말한 대목에 촌철살인이 나온다.

"비유하자면 사람이 수레에 무기를 싣고 와서 이것도 꺼내 써보고, 저것도 꺼내 써 보는 것은 올바른 살인 수단이 되지 못한다. 나는 오직 촌철이 있을 뿐, 그것으로 사람을 당장 죽일 수 있다."

이는 선(禪)의 본바탕을 파악한 말로, 여기에서 '살인' 이란 무기로 사람을 죽이는 것이 아니라 마음속의 속된 생각을 없애고 깨달음에 이름을 의미한다. 번뇌를 없애고 정신을 집중하여 수양한 결과로 나오는 아주 작은 것 하나가 사물(事物)을 변화시키고 사람을 감동시킬 수가 있는 것이다.

오늘날에는 짧막한 경구로 사람을 감동시키거나, 어떤 일의 핵심을 찌르는 것을 가리켜 '촌철살인'이라고 한다.

寸鐵殺人

작고 날카로운 쇠붙이로도 사람을 죽일 수 있다는 뜻으로, 짧은 경구로도 사람을 크게 감동시킬 수 있음을 이르는 말.

단어의 구성은

寸(촌) : 마디 촌, 3획, 부수 : 寸   鐵(철) : 쇠 철, 21획, 부수 : 金
殺(살) : 죽일 살, 11획, 부수 : 殳   人(인) : 사람 인, 2획, 부수 : 人

멋지게 한번 써볼까?

寸	鐵	殺	人

이럴때 이렇게 표현하기

"너는 평소에 별로 말이 없지만, 가끔 한마디씩 던지는 비평이 촌철살인의 기개를 지니고 있구나. 겁나서 네 앞에서 함부로 말을 하지 못하겠어."

七縱七擒

　　제갈량이 북쪽의 위나라 정벌을 계획하고 있는데, 남만(南蠻)의 맹획(孟獲)이 반란을 일으켰다. 제갈량은 북벌(北伐)을 하기 전에 배후를 평정하기 위해 맹획(孟獲)을 정벌하기로 결정했다. 공명은 즉시 마속(馬謖)을 참군으로 삼고 대군을 통솔하여 곧장 진격해 나갔다. 제갈량은 작전을 펴 맹획을 쉽게 생포했고, 맹획은 억울하다며 자신을 놓아주면 다시 싸워서 이길 자신이 있다고 하였다. 만약, 지면 항복하겠다고 했다. 제갈량은 맹획을 풀어 주었다. 공명이 맹획을 놓아 보내자, 지켜보던 여러 장수들이 물었다.

　　"맹획은 남만의 괴수입니다. 이제 다행히 사로잡아 남방이 겨우 평정되었는데, 승상께서는 무슨 생각으로 놓아주십니까?"

　　이에 공명이 웃으며 대답했다.

　　"내가 맹획을 사로잡는 것은 주머니 속의 물건을 꺼내는 것만큼이나 쉬운 일이오. 맹획이 진심으로 항복하면 남만은 저절로 평정될 것이오."

　　맹획은 또 생포되었지만, 여전히 불복했다. 제갈량은 또 맹획을 풀어 주었다가 다시 사로잡곤 했는데, 그러기를 무려 일곱 차례나 했다. 마침내 감복한 맹획은 진심으로 승복하면서 더 이상 대항하지 않았다. 여기에서 나온 말이 칠종칠금이다. 제갈량은 맹획에게 촉한(蜀漢)의 관직을 주었는데, 나중에는 어사중승(御使中丞)에까지 이르렀다.

칠종칠금은 상대를 마음대로 다룸을 비유하거나 인내를 가지고 상대가 숙여 들어오기를 기다린다는 말이다. 사람의 마음을 정복하는 것이 가장 지혜로운 전술인 것 같다.

七縱七擒

일곱 번[七] 놓아주고[縱] 일곱 번[七] 사로잡음[擒]
제갈량이 맹획을 일곱 번 놓아주고 일곱 번 사로잡았다는 고사에서, 상대방을 마음대로 다룸을 이르는 말.

단어의 구성은

七(칠) : 일곱 칠, 2획, 부수 : 一   縱(종) : 놓아줄 종, 17획, 부수 : 糸
七(칠) : 일곱 칠, 2획, 부수 : 一   擒(금) : 사로잡을 금, 16획, 부수 : 扌

멋지게 한번 써볼까?

七	縱	七	擒

이럴때 이렇게 표현하기

"정치나 사업에 크게 성공한 사람들을 보면, 대부분이 자기가 부리는 사람들을 칠종칠금 하여 완전한 심복으로 만드는 재능을 가지고 있다."

쾌도난마
快刀亂麻

남북조시대 북조의 왕조인 북위(北魏) 말기에 한족 출신 고환(高歡)이 마지막 황제 무제(武帝)를 밀어내고 청하왕의 세자인 원선견(元善見)을 효정제(孝靜帝)로 옹립해 새로운 나라를 세웠는데, 이를 동위(東魏)라고 한다.

동위의 효정제 때 승상으로 있던 고환에게는 여러 명의 아들이 있었다.

하루는 고환이 여러 아들들의 재주를 시험해 보고 싶어 어지럽게 뒤엉킨 실타래를 하나씩 나눠주고는 이것을 잘 추슬러보라고 했다. 이에 다른 형제들은 뒤엉킨 실을 한 가닥으로 풀어내느라 분주했는데 둘째 아들인 고양(高洋)만은 달랐다. 고양은 칼을 뽑아 단번에 실타래를 잘라버리더니 "어지러운 것은 베어 버려야 합니다."라고 말했고 이를 본 고환은 옳다고 생각하고 둘째 아들이 훗날 크게 될 인물이라고 생각했다.

550년, 고양은 동위의 황제 효정제를 폐하고 스스로 황제의 자리에 올라 나라 이름을 제(齊)라 했는데, 이를 북제(北齊)라고 한다. 그런데 큰일을 해낼 인물이 될 것이라는 아버지의 기대와는 달리, 문선제 고양은 백성들을 못살게 구는 폭군이 되었다. 게다가 술만 마시면 술김에 재미로 사람을 죽이곤 했다. 중신들도 어떻게 할 수가 없어 머리를 짜낸 것이 사형수를 술 취한 고양 옆에 두는 것이었다.

쾌도난마는 문선제 고양의 폭정에서 유래하여 통치자들이 백성들을 탄압하는 것을 비유하는 말로 쓰이다가, 후에 그 뜻이 바뀌어 복잡한 문제들을 과감하고 명쾌하게 처리한다는 뜻으로 쓰이게 되었다.

快刀亂麻

잘 드는 칼로 헝클어진 삼 가닥을 자른다는 뜻으로, 어지럽게 뒤섞인 일을 명쾌하게 처리함을 비유적으로 이르는 말.

단어의 구성은

快(쾌) : 쾌할 쾌, 7획, 부수 : 忄　　　刀(도) : 칼 도, 2획, 부수 : 刀
亂(난) : 어지러울 난(란), 13획, 부수 : 乙　麻(마) : 삼 마, 11획, 부수 : 麻

멋지게 한번 써볼까?

快	刀	亂	麻

이럴때 이렇게 표현하기

"김 대리는 무슨 일을 맡겨도 쾌도난마 하듯이 시원시원하고 명쾌하게 일을 잘 처리한다. 그래서 별명이 '김처리'다."

타산지석

他山之石

타산지석은 다른 산에서 나는 보잘것없는 돌이라도 자기의 옥(玉)을 가는데 소용이 된다는 뜻으로 『시경(詩經)』에 나오는 시의 한 구절이다.

학이 먼 못 가에서 우니 그 소리 들판에 울려 퍼지고
물고기는 연못 깊이 숨어 있다가 때로는 물가에 나오기도 하네.
즐거워라, 저기 저 동산 속에는 심어 놓은 박달나무 있고
그 아래는 낙엽만 수북이 쌓여 다른 산의 돌이라도 구슬 가는 숫돌이 된다네.
학이 먼 못가에서 우니 그 소리 하늘 높이 울려 퍼지고
고기는 물가에서 노닐다가 때로는 연못 깊이 숨기도 하네.
즐거워라, 저기 저 동산 속에는 심어 놓은 박달나무 있고 그 아래에 닥나무 있네.
다른 산의 돌도 옥을 갈 수 있다네.

여기에서는 돌을 소인에 비유하고 옥을 군자에 비유해 군자도 소인

에 의해 수양과 학덕을 쌓아 나갈 수 있음을 말하고 있다.

'타산지석(他山之石)'의 가르침은 타인의 부족함을 내 수련의 거울로 삼으라는 데 있다. 타인의 보잘것없는 언행을 반면교사(反面敎師)로 삼아 나의 언행을 가다듬으라는 뜻이다.

他山之石 남[他]의 산[山]에 있는 돌[石]이라도 나의 옥을 다듬는 데에 소용이 된다는 뜻으로, 다른 사람의 하찮은 언행 또는 허물과 실패도 자신을 수양하는 데 도움이 됨을 이르는 말.

단어의 구성은

他(타) : 다를 타, 5획, 부수 : 亻　　山(산) : 뫼 산, 3획, 부수 : 山
之(지) : 갈 지, 4획, 부수 : 丿　　石(석) : 돌 석, 5획, 부수 : 石

멋지게 한번 써볼까?

他	山	之	石

이럴때 이렇게 표현하기

"미선이는 지혜의 행동을 타산지석 삼아
자신은 절대 그러지 않겠다고 결심하였다."

泰山北斗

산동성 태안에 있는 태산은 중국의 5대 명산 가운데 하나이고 북두는 모든 별의 중심적 위치에 있는 것이다. 따라서 태산북두라 함은 모든 사람들이 존경하는 뛰어난 인물 또는 학문이나 예술 분야의 대가를 비유하는 말이다.

한유(韓愈)는 당송(唐宋) 8대가(大家) 중에 첫손에 꼽히는 학문가이며, 도교와 불교를 배척하고, 유교를 떠받든 것으로 유명하다.

한유는 순탄하지 못했던 벼슬살이와는 달리 학문과 사상 분야에서 뚜렷한 업적을 남긴 인물로 친구인 유종원(柳宗元) 등과 고문운동을 제창해서 고문이 송대 이후 중국 산문 문체의 표준이 되게 했으며, 그의 문장은 그 모범으로 알려지는 등 후세에 영향을 주었다.

『한유전(韓愈傳)』의 '찬(贊)'에는 '그가 육경(六經)의 문장으로 모든 학자들의 스승이 되었다. 그가 죽은 뒤에도 그의 학설이 천하에 떨쳤으므로 학자들은 그를 태산북두처럼 우러러보았다.'라고 쓰고 있다.

한유에 대한 존경심을 담은 이 말은 오늘날 학문에 뛰어난 권위자에게도 쓰이고 있다.

泰山北斗
태산과 북두칠성처럼 모든 사람들이 우러러 보는 존재를 비유하는 말.

단어의 구성은

泰(태) : 클 태, 10획, 부수 : 氺   山(산) : 뫼 산, 3획, 부수 : 山

北(북) : 북녘 북, 5획, 부수 : 匕   斗(두) : 말 두, 4획, 부수 : 斗

멋지게 한번 써볼까?

泰	山	北	斗

이럴때 이렇게 표현하기

"오늘 이 자리에는 각계의 '태산북두'라고 할 수 있는
고명하신 분들이 모두 참석하셨습니다."

토사구팽

兎死拘烹

한나라 명장, 한신(韓信)은 항우(項羽)를 물리치고 유방(劉邦)이 천하를 통일하는 데 큰 공을 세웠다. 유방은 황제 자리에 오르자 한신을 초나라 왕으로 임명했다.

그런데 한신의 이름이 점점 더 높아지고 세력이 커지는 데다 그가 반란을 꾀한다는 소문도 떠돌았다. 불안해진 유방은 어느 날, 꾀를 내어 한신을 반역죄로 몰아붙이려 했다.

한신은 유방이 자신을 의심하게 되자 충심을 보여주고자 유방이 원한을 품고 있던 종리매(鐘離昧)에게 찾아간다. 종리매는 본디 항우 밑에 있던 뛰어난 장수였으나 항우가 죽고 한나라에 항복해 한신에게 의지하고 있었다. 종리매를 찾아간 한신은 그동안 있던 사정을 털어놓자 그는 몹시 화를 내며 "비위를 맞추려고 나를 잡으려 한다면 나 스스로 여기에서 목숨을 내놓겠소."라고 말한 뒤 자결을 하였다.

그 목을 가지고 간 한신은 유방의 오해를 풀 수 있으리라 생각했지만, 결과는 정반대였다. 유방은 종리매가 죽었다는 소식에 즉시 한신을 붙잡아 묶었다.

"아, 종리매의 말이 맞았구나!"라고 한신은 뒤늦게 하늘을 우러러 탄식했다.

결국 한신은 토끼몰이가 끝나자 버림받은 사냥개 신세가 되고 말았다.

'토사구팽'은 여기에서 비롯한 말로 '토끼 사냥이 끝나면 사냥개를 삶아 먹는다.'라는 뜻이다. 따라서 '토사구팽'은 필요할 때 중요하게 쓰고 필요 없으면 매정하게 버리는 비정한 인간 세상을 꼬집는 말이다.

兎死拘烹

토끼[兎]가 죽으면[死] 개[拘]를 삶아[烹] 먹음

토끼가 죽으면 토끼를 잡던 사냥개도 필요 없게 되어 주인이 삶아 먹는다는 뜻으로, 필요할 때는 쓰고 필요 없을 때는 버리는 경우를 이르는 말.

단어의 구성은

兎(토) : 토끼 토, 7획, 부수 : 儿 　　死(사) : 죽을 사, 6획, 부수 : 歹

拘(구) : 개 구, 8획, 부수 : 犭 　　烹(팽) : 삶을 팽, 11획, 부수 : 灬

멋지게 한번 써볼까?

兎	死	拘	烹

이럴때 이렇게 표현하기

"젊은 나이에 입사해서 어려운 시기를 함께 동고동락 했는데 회사에서 토사구팽을 당하니 현실이 참담하다."

파죽지세
破竹之勢

　　위나라와 진나라가 대치하고 있을 때 진의 명장 두예(杜豫)는 태강 원년 2월에 왕준(王濬)의 군사와 합류하여 무창(武昌)을 함락시키고 최종 목적지인 건업(建業)을 앞에 두고 여러 장수들과 작전회의를 하였다. 이때 한 장수가 말했다.

　　"봄이 다 갔습니다. 곧 우기가 되어 비가 내리면 강물이 불어나 군마를 움직이기 힘든 지형이니 일단 군사를 물러나게 하였다가 겨울에 오는 것이 좋을 것 같습니다."

　　두예는 고개를 가로저으며 말했다.

　　"아니오, 우리는 대세의 흐름을 타고 있소. 이것은 대나무를 쪼갤 때와 같이 한 매듭 두 매듭 내려가면 나중에는 칼만 대면 자연스럽게 쪼개져 힘을 들일 필요가 없는 것이오. 지금 우리 군의 기세가 그러하니, 우리가 이때를 놓치면 오히려 후회하게 될 것이오."

　　이리하여 두예는 곧장 오나라 수도를 향해 진군할 것을 명령했다. 진나라 군대가 이르는 곳마다 오나라 군대는 항복하여 진의 통일이 완성되었다.

무슨 일을 하는 데 있어서 미적미적 대는 것보다 파죽지세의 기세로 끝까지 밀고 나가는 자세가 필요하지 않을까 한다.

破竹之勢

대나무[竹]의 한끝을 갈라 내리 쪼개듯[破]
거침없이 적을 물리치며 진군하는 기세[勢]를 이르는 말.

단어의 구성은

破(파) : 깨뜨릴 파, 10획, 부수 : 石　竹(죽) : 대나무 죽, 6획, 부수 : 竹
之(지) : 갈 지, 4획, 부수 : 丿　　勢(세) : 기세 세, 13획, 부수 : 力

멋지게 한번 써볼까?

破	竹	之	勢

이럴때 이렇게 표현하기

"피비린내 나는 전투 경험을 쌓은 일본군은 조총 부대를 앞장세워
파죽지세로 조선을 치고 올라갔다."

포호빙하

暴虎馮河

『논어(論語)』의 '술이편(述而篇)'에 다음과 같은 내용이 있다.

어느 날 공자께서 안연(顔淵)이라는 제자에게 말했다.

"무릇 벼슬길에 나가면 열심히 활동을 하고 버림을 받으면 물러나서 분수를 지키며 살아야 한다. 그렇게 살 수 있는 것은 너와 나만이 할 수 있는 일이다."

그러자 곁에 있던 자로(子路)가 "선생님께서 삼군을 움직여 전쟁을 하게 되면 누구와 함께하시겠습니까?"하고 물었다.

안연이 학문과 수양에 뛰어나다면, 용기와 결단성으로는 누구에게도 양보할 수 없다고 자부하는 자로로서는 물을 만한 질문이었다. 그러나 공자는 자로의 그 같은 경솔한 태도를 항상 꾸짖어 오곤 했다.

그래서 공자는

"맨손으로 범을 잡고 헤엄쳐서 황하를 건너다 죽어도 후회 없는 사람과 나는 함께하지 않는다."라고 말했다.

이 말은 자로처럼 만용으로 경솔하게 행동하는 사람과는 상대하지 않겠다는 의미다. 공자는 자로의 무모한 용맹성과 경솔한 태도를 꾸짖은 것이다.

暴虎馮河

맨손으로 범을 때려잡고, 황하 강을 걸어서 건넌다는
뜻으로, 용기는 있으나 지혜가 없음을 이르는 말.

단어의 구성은

暴(포) : 사나울 포, 15획, 부수 : 日　　虎(호) : 범 호, 8획, 부수 : 虍

馮(빙) : 업신여길 빙, 12획, 부수 : 馬　　河(하) : 강 이름 하, 8획, 부수 : 氵

멋지게 한번 써볼까?

暴	虎	馮	河

이럴때 이렇게 표현하기

"뭘 믿고 그렇게 무모하게 구는 거야?
그런 것이야말로 포호빙하의 만용이 아니겠어?"

風樹之嘆

어느 날 공자가 길을 가다 슬프게 울고 있는 고어(皐魚)라는 사람을 만났다. 공자는 슬픔에 빠져있는 이유를 물었다.

그러자 그는 "저는 잘못한 것이 셋입니다. 첫째는 젊어서 공부에 힘쓰고 친구들과 사귀느라 집에 와 보니 부모님이 세상을 떠나신 것이요, 둘째는 섬기던 군주가 사치를 좋아하고 충언을 듣지 않아 그에게서 도망쳐온 것이요, 셋째는 부득이한 사정으로 친구와 사귐을 끊은 것입니다. 나무는 고요하고자 하나 바람이 그치질 않고 자식이 효도하고자 하나 부모님께서는 기다려주지 않습니다. 한번가고 나면 돌아오지 않는 것이 세월이고 돌아가시면 다시 볼 수 없는 분이 부모님이십니다. 이제 다시는 부모님을 뵙지 못하기에 저는 이대로 서서 말라죽으려 합니다."라고 말했다.

공자는 제자들에게 이 이야기를 전하면서 이 말을 기억하고 경계하여 부모님께 효도하라 하니, 이에 제자 열 셋은 부모를 봉양하기로 다짐하고 고향으로 돌아갔다고 한다.

'풍수지탄'은 바람에 나부끼는 나무의 탄식을 뜻하는 말로 이는 부

모님이 돌아가시어 효도하고 싶어도 할 수 없는 슬픔을 뜻하며, 부모
가 살아계실 때 효도를 다하라는 뜻으로 쓰이는 말이다.

風樹之嘆
효도를 다하지 못했는데 어버이가 돌아가시어, 효도하
고 싶어도 할 수 없는 슬픔을 이르는 말.

단어의 구성은

風(풍) : 바람 풍, 9획, 부수 : 風   樹(수) : 나무 수, 16획, 부수 : 木

之(지) : 갈 지, 4획, 부수 : 丿   嘆(탄) : 탄식할 탄, 15획, 부수 : 欠

멋지게 한번 써볼까?

風	樹	之	嘆

이럴때 이렇게 표현하기

"형석아! 풍수지탄이라는 말이 있듯이, 나처럼 불효자로 살지 말고
부모님이 살아 계실 때에 섬기기를 다했으면 좋겠다."

함흥차사
咸興差使

조선의 건국조인 태조 이성계는 뛰어난 다섯째 아들인 이방원 덕분에 혁명에 성공하여 왕위에 오르지만, 후에는 두 차례에 걸친 왕자의 난으로 사랑하는 아들들을 잃기도 하였다.

이에 조정 생활에 회의를 품은 태조는 왕위를 넘겨준 후 함흥으로 들어가 은둔 생활을 한다. 형식적으로 형 정종에게 왕위를 넘겨주었다가 불과 2년 만에 조선 3대 왕에 오른 태종 이방원은 아버지 태조에게 사과를 하기 위해 사신을 보낸다.

그러나 태종에 대한 원망과 분이 풀리지 않은 이성계는 태종이 보낸 사신을 죽이기도 하고 잡아 가두기도 하면서 돌려보내지 않는다.

함흥차사는 태종 이방원이 태조의 환궁을 권유하려고 함흥으로 보낸 차사를 일컫는 말이며 한 번 간 차사는 절대 돌아오지 않았으니 한 번 가면 깜깜무소식이라는 뜻에서 함흥차사라는 말이 생겼다고 한다.

휴대전가 없던 옛날에는 소식을 듣는데 많은 시간이 필요했을 것이고, 심부름을 간 사람으로부터 소식이 없거나 좀처럼 회답이 오지 않는다면 얼마나 답답할까?

咸興差使

심부름을 가서 아무 소식이 없이 돌아오지 않거나 늦게 오는 사람을 비유적으로 이르는 말.

단어의 구성은

咸(함) : 다 함, 9획, 부수 : 口   興(흥) : 일 흥, 16획, 부수 : 臼
差(차) : 어긋날 차, 10획, 부수 : 工   使(사) : 부릴 사, 8획, 부수 : 亻

멋지게 한번 써볼까?

咸	興	差	使

이럴때 이렇게 표현하기

"슬비는 심부름만 시키면 '함흥차사'라니까. 급해 죽겠는데 전화해도 연락이 안 되고 도대체 어디에 가서 이렇게 소식이 없는 거야?"

한단지보

邯鄲之步

전국시대 조나라의 사상가인 공손룡(公孫龍)은 자신의 학문과 변론이 당대 최고라고 여기고 있었다. 그러던 차에 장자(莊子)에 대한 이야기를 듣고 자신의 변론과 지혜를 장자와 견주어 보려고 위나라의 공자 위모(魏牟)에게 장자의 도(道)에 대해 알고 싶다고 말했다. 위모는 공손룡의 의중을 알고는 우물 안의 개구리 이야기를 해 주면서 공손룡의 공허한 변론은 가느다란 대롱 구멍을 통하여 하늘을 쳐다보고, 송곳을 꽂아 땅의 깊이를 재려는 꼴이라며 비웃었다. 그러고는 이어서 다음의 이야기를 들려주었다.

"수릉의 젊은 사람이 조나라 수도 한단으로 걸음걸이를 배우러 갔던 이야기를 알고 계시겠죠. 그 젊은 사람은 보잘것없는 작은 나라에 살고 있는 처지를 한탄하며 조나라를 동경했지요. 그러던 어느 날 드디어 조나라 서울 한단으로 갔는데 그곳 사람들의 걸음걸이가 수릉과 다르다는 것을 알았지요. 그 젊은이는 한단 사람들의 걸음걸이를 열심히 배웠는데 아직 조나라 걸음걸이를 다 배우기도 전에 원래 걷고 있던 수릉의 걸음걸이마저 잊어버려 젊은이는 네 발로 기어서 겨우 고향으로 돌아갔다는 이야기가 있습니다."

이상과 같이 북방 연나라의 젊은이가 조나라 한단 사람들의 걸음걸이를 배우다가 결국 배우지 못하고 자신의 걸음걸이마저 잊어버리게 되었다는 이야기에서 '한단지보' 또는 '한단학보'가 유래했다.

邯鄲之步

본분을 잊고 함부로 남의 흉내를 내다가 본래 가졌던 것까지 잃음을 뜻하는 말

단어의 구성은

邯(한) : 땅 이름 한, 8획, 부수 : 阝   鄲(단) : 조나라 서울 단, 15획, 부수 : 阝
之(지) : 갈 지, 4획, 부수 : 丿   步(보) : 걸을 보, 7획, 부수 : 止

멋지게 한번 써볼까?

邯	鄲	之	步

이럴때 이렇게 표현하기

"너만의 목소리를 내야 한다.
다른 가수들을 흉내 내다가는 '한단지보'가 되고 만다."

형설지공

螢雪之功

'가난은 부끄러운 게 아니라 단지 불편할 뿐이다.'라는 말이 있는데, 여기서 그 불편함을 이기고 성공한 것을 뜻하는 말이 형설지공이다.

중국 진나라 때 손강(孫康)과 차윤(車胤)은 고학으로 학문을 크게 이룬 인물이다.

손강은 집이 너무 가난해서 기름을 살 돈이 없었다. 땅위에 눈이 내리면 그 눈빛으로 글을 읽었다. 그는 젊었을 때부터 청렴결백하고 충실해서 어사대부(감찰원장)라는 벼슬까지 했다.

진나라 차윤은 가난한 살림 때문에 밤에 기름이 없어 불을 밝힐 수 없었다. 여름이면 주머니에 수십 마리의 반딧불을 담아 비추어 밤을 새며 공부를 계속했다. 그는 벼슬이 이부상서(내무부장관)까지 올랐다.

이로부터 어려운 처지에서 공부하는 것을 형설지공 또는 단순히 형설이라고 한다.

물질적 가난은 충분히 극복될 수 있는 것.

맹자님도 이렇게 말씀하셨다.

"하늘은 어떤 사람에게 큰일을 맡기기 전 몸과 마음에 고난과 역경을 준다. 이유인즉 그 사람이 고난과 역경을 통해 강한 인내심과 의지력을 가져 나중에 무슨 일이 있어도 감당할 수 있게 하기 위해서다."

螢雪之功

고생 속에서도 꾸준히 공부하여 얻은 보람을 이르는 말.

단어의 구성은

螢(형) : 반딧불 형, 16획, 부수 : 虫　　雪(설) : 눈 설, 11획, 부수 : 雨
之(지) : 갈 지, 4획, 부수 : 丿　　功(공) : 공 공, 5획, 부수 : 力

멋지게 한번 써볼까?

螢	雪	之	功

이럴때 이렇게 표현하기

"어려웠던 시절에 많은 사람들이 낮에는 일하고 밤에는 공부하는 형설지공을 한 덕분에 오늘의 부유한 대한민국이 있게 되었다."

호가호위
狐假虎威

위나라 출신인 강을(江乙)이라는 변사가 초나라 선왕(宣王)밑에서 벼슬을 하게 되었다.

하루는 선왕이 신하들에게 물었다.

"초나라 북쪽에 있는 모든 나라들이 우리나라 소해휼(昭奚恤)을 두려워하고 있다는데 그것이 사실인가?"

당시 명재상으로 명망이 높았던 소해휼은 강을에겐 눈엣가시와 같은 존재였다. 그래서 이때다 하고 강을이 대답했다.

"호랑이가 한번은 여우를 붙잡았는데 여우가 말했습니다. '그대는 나를 잡아먹어서는 안 된다. 옥황상제께서 나를 백수의 왕으로 만들었다. 믿지 못하겠거든 내 뒤를 따라와 보라.' 그래서 여우를 앞세우고 호랑이가 뒤따라 가보니 모든 짐승이 도망쳤습니다. 호랑이는 여우가 무서워 다른 동물들이 달아나는 줄로 알았지만 사실은 여우 뒤에 있는 호랑이가 무서워 도망쳤던 것입니다. 만사는 비슷합니다. 북쪽 나라들이 소해휼을 왜 무서워하겠습니까? 북쪽 나라가 무서워하는 것은 대왕의 무장한 군대입니다. 마치 모든 짐승이 여우 뒤에 있는 호랑이를 무서워하듯 말입니다."

남의 권세를 빌려 허세를 부림을 비유한 이 이야기는 『전국책(戰國策)』에 나오는데, 강을이 초나라 선왕에게 들려준 여우의 우화에서 '호가호위'가 유래했다.

狐假虎威

여우[狐]가 빌린[假] 호랑이[虎]의 위세[威]

여우가 호랑이의 힘을 빌려 거만하게 잘난 체하며 경솔하게 행동한다는 뜻으로, 남의 권세를 빌려 위세를 부림을 비유적으로 이르는 말.

단어의 구성은

狐(호) : 여우 호, 8획, 부수 : 犭 　　假(가) : 거짓 가, 11획, 부수 : 亻

虎(호) : 범 호, 8획, 부수 : 虍 　　威(위) : 위엄 위, 9획, 부수 : 女

멋지게 한번 써볼까?

狐	假	虎	威

이럴때 이렇게 표현하기

"지금은 그런 일이 많이 줄었지만 옛날에는 권력기관에 사돈의 팔촌만 있어도 안하무인으로 으스대며 호가호위 하는 사람이 많았다."

환골탈태

換骨奪胎

남송의 중 혜홍(慧洪)이 쓴 『냉제야화(冷濟夜話)』에서 황산곡(黃庭堅)이 다음과 같이 말했다.

"시의 뜻은 끝이 없고 사람의 재주는 한계가 있다. 한계가 있는 재주로써 끝이 없는 뜻을 좇는 것은 도연명이나 두보일지라도 잘 되지 못할 것이다. 그러나 그 뜻을 바꾸지 않고 그 말을 한다는 것을 일러 환골법(換骨法)이라고 말하며, 그 뜻을 본받아 형용하는 것을 일러 탈태법(奪胎法)이라고 말한다."

도가에서는 금단(金丹)을 먹어서 보통 사람의 뼈를 선골로 만드는 것을 환골이라 하고 선인의 시에 보이는 착상을 나의 것으로 삼아 자기의 것으로 변화시키는 것을 탈태라고 한다.

따라서 환골탈태란 선배 시인들이 지은 시구를 자기의 시에 끌어다 쓰는 방법을 의미하는데, 이는 물론 남의 글을 그대로 베끼는 표절과 차원이 다른 것이다. 환골탈태가 안 되면 모방이나 표절이 되는 것이다.

환골탈태는 뼈를 바꾸고 태를 빼낸다는 뜻으로 기존 제도나 관습 따위를 고쳐 모습이나 상태가 새롭게 바뀐 것을 비유적으로 이르는 말이다.

換骨奪胎
낡은 제도나 관습 따위를 고쳐 모습이나 상태가 새 롭게 바뀐 것을 비유적으로 이르는 말

단어의 구성은

換(환) : 바꿀 환, 12획, 부수 : 扌   骨(골) : 뼈 골, 10획, 부수 : 骨

奪(탈) : 빼앗을 탈, 14획, 부수 : 大 胎(태) : 아이 밸 태, 9획, 부수 : 月

멋지게 한번 써볼까?

換	骨	奪	胎

이럴때 이렇게 표현하기

"검찰의 환골탈태가 없이는
정치적 사건에 대한 수사 때마다 의혹이 계속 제기될 것이다."

후생가외
後生可畏

『논어(論語)』에 있는 공자의 말이다.

"뒤에 난 사람이 두렵다. 어떻게 앞으로 오는 사람들이 지금만 못할 줄을 알 수 있겠는가? 그러나 그들이 나이 40이 되고 50이 되었는데도 이렇다 할 이름이 알려져 있지 않다면 두려워할 것이 못 된다."

여기서의 두려움은 뒤에 태어난 후배들의 장래가 어디까지 뻗어 나갈 지 알 수 없는 기대가 섞인 두려움이다.

또한 공자는 "뒤에 태어난 사람은 아직 살아갈 날이 많고 힘이 강하여 학문을 쌓아 기대할 것이 있으니 그 기세가 두려워할 만하다. 그들의 장래가 지금의 나보다 못할 것이라고 어떻게 장담할 수 있겠는가? 그러나 간혹 스스로 힘쓰지 않아 나이가 늙도록 이름이 알려지지 않는다면 두려울 것이 없다."고 하였으니 공자는 이 말을 통해 젊은이는 항상 학문에 힘쓸 것을, 선배 되는 사람들은 학문을 대하는 태도가 겸손해야 함을 일깨우고 있다.

'후생가외'란 뒤에 난 사람은 두려워할 만하다는 뜻으로, 부지런히 갈고닦은 후배는 선배를 능가할 수 있음을 이르는 말이다.

後生可畏

뒤[後]에 난[生] 사람들[可]이 가히 두려움[畏]

뒤에 난 사람은 두려워할 만하다는 뜻으로, 부지런히 갈고닦은 후배는 선배를 능가할 수 있음을 이르는 말.

단어의 구성은

後(후) : 뒤 후, 9획, 부수 : 彳   生(생) : 날 생, 5획, 부수 : 生

可(가) : 옳을 가, 5획, 부수 : 口   畏(외) : 두려워할 외, 9획, 부수 : 田

멋지게 한번 써볼까?

後	生	可	畏

이럴때 이렇게 표현하기

"요즘은 우리가 공부할 때보다 지식의 양도 엄청나게 늘어나고 학습 환경도 좋아져서 선생을 능가하는 뛰어난 후학들이 많이 배출된다. 실로 '후생가외'라 하지 않을 수 없다."

후안무치
厚顔無恥

부끄러움이 실종된 인간을 뜻하는 사자성어이다. 여기서 후안(厚顔)이란 두꺼운 낯가죽을 뜻하는데, 여기에 무치(無恥)를 더해 후안무치라고 한다. 이는 낯가죽이 두꺼워 부끄러운 줄 모르는 사람을 가리킬 때 사용하는 말이다.

옛날 하(夏)나라 계(啓)임금의 아들인 태강(太康)은 정치를 돌보지 않고 사냥만 하다가 끝내 나라를 빼앗기고 쫓겨나게 되었다. 그의 다섯 형제들은 나라를 망친 형을 원망하며 번갈아가면서 노래를 불렀다고 한다.

그 중 막내 동생이 불렀다고 하는 노래에서 "만백성들은 우리를 원수라 하니, 우린 장차 누굴 의지할꼬. 답답하고 섧도다. 이 마음, 낯이 뜨거워지고 부끄러워지누나."라는 대목이 있는데, 여기에서 후안(두터운 얼굴가죽)이라는 말이 나온다. '후안'에 무치(부끄러움을 모름)를 더하여 후안무치라는 말로 쓰이게 되었다고 한다. 우리말에도 '얼굴이 두껍다.'는 표현이 있으며, 속담에도 '벼룩도 낯짝이 있다.'는 말이 있다.

240

厚顔無恥

．
．
．

厚顔無恥 　낯가죽[顔]이 두꺼워[厚] 뻔뻔하고 부끄러움[恥]이 없
다[無]는 의미의 말.

단어의 구성은

厚(후) : 두터울 후, 9획, 부수 : 厂　　顔(안) : 얼굴 안, 18획, 부수 : 頁

無(무) : 없을 무, 12획, 부수 : 灬　　恥(치) : 부끄러워할 치, 10획, 부수 : 心

멋지게 한번 써볼까?

厚	顔	無	恥

이럴때 이렇게 표현하기

"돈을 빌려가고도 갚지 않고,
당당하게 행동하는 친구의 후안무치에 기가 막힐 따름이다."

부록

사자성어! 이럴 때 이렇게 표현하기!

* 앞서 소개한 사자성어도 일부 포함했다.

가가대소 (呵呵大笑)

소리를 내어 크게 웃음.

"수영이는 뭐가 그리 즐거운지 조잘대면서 가가대소를 하더라."

가롱성진 (假弄成眞)

장난삼아 한 것이 진짜로 이루어짐.

"농담으로 슬비에게 고백한 말이 가롱성진이 되어 결혼까지 하게 될 줄이야!"

각골난망 (刻骨難忘)

은혜를 마음속에 깊이 새겨 잊지 아니함.

"제가 어려울 때 도와주셨던 은혜 각골난망입니다."

각골지통 (刻骨之痛)

뼈에 새기듯이 마음속 깊이 사무쳐 맺힌 원한.

"그렇게 믿었던 사람에게 각골지통을 당할 줄이야!"

각양각색 (各樣各色)

서로 다른 여러 모양과 빛깔

"올림픽 공원에는 각양각색의 만국기가 게양되어 있다."

간목수생 (乾木水生)

마른 나무에서 물을 짜내려 한다는 뜻으로 불가능한 일을 억지로 이루려 할 때 쓰는 말.

"그는 지금 과도한 부채로 인해 매우 힘든 상황이니 간목수생하지 않는 것이 좋을 듯 하네."

감언이설(甘言利說)

남의 비위에 맞도록 꾸민 달콤한 말과 이로운 조건을 내세워 꾀는 말.

"나는 그의 감언이설과 술수에 넘어가 장사 밑천을 날리고 말았다."

갑남을녀(甲男乙女)

갑이라는 남자와 을이라는 여자라는 뜻으로, 평범한 사람들을 이르는 말.

"올바른 사회란 소수의 뛰어난 사람뿐만 아니라 갑남을녀에게도 계층 이동의 기회가 열려 있는 사회다."

갑론을박(甲論乙駁)

서로 자기의 주장을 내세우고 상대방의 주장을 반박함.

"지금 국회에서는 대통령 4년 중임제를 도입할 것인지에 대한 갑론을박이 이루어지고 있다."

거두절미(去頭截尾)

말이나 사건 등의 부차적인 설명은 빼 버리고 사실의 요점만 말함.

"사건의 전후 맥락을 모르는 내게 거두절미하고 중간만 이야기하니 통 이해할 수가 없었다."

거안사위 (居安思危)

편안한 처지에 있을 때에도 위험할 때의 일을 미리 생각하고 경계하다.

"항상 겸손하게 '거안사위'하는 마음으로 살아야 네가 이룩한 성공을 계속 지킬 수 있을 뿐만 아니라 더 큰 발전을 할 수 있게 된다."

거자일소 (去者日疎)

서로 멀리 떨어져 있으면 점점 사이가 멀어짐을 이르는 말.

"사귀던 남자와 헤어질 때에는 며칠씩이나 식음을 전폐하더니, 얼마 되지 않아 새로운 남자를 만났는데 곧 결혼을 한다고 한다. '거자일소'라더니 떠난 사람은 시간의 흐름에 따라 잊혀 지게 되나 봅니다."

격화소양 (隔靴搔癢)

필요한 것을 제대로 해결하지 못해 성에 차지 않음을 이르는 말.

"이번에 발표한 부동산 정책은 집값 상승만 가져오는 격화소양일 뿐이다."

견마지로 (犬馬之勞)

윗사람에게 바치는 자기의 노력을 겸손하게 이르는 말.

"조직을 위해서 어떤 일이든 맡겨만 주시면 견마지로를 다하겠습니다."

견문발검 (見蚊拔劍)

모기를 보고 칼을 뺀다는 뜻으로, 사소한 일에 크게 화를 내며 덤빔을 이르는 말.

"자네는 왜 사소한 일에 화를 내는가? 견문발검하지 말고 마음을 잘 다스리고 차분하게 대처하길 바라네."

견물생심 (見物生心)

어떤 물건을 실제로 보면 가지고 싶은 욕심이 생김.

"견물생심이라고 무심코 열어 본 서랍에서 돈을 본 순간 나도 모르게 손이 갔다."

결자해지 (結者解之)

맺은 사람이 풀어야 한다는 뜻으로, 저지른 일은 스스로 해결해야 함을 이르는 말.

"계약이 잘못 되었다고 하니 결자해지 차원에서 제가 수습하겠습니다."

경천동지 (驚天動地)

세상을 몹시 놀라게 하는 것을 비유적으로 이르는 말.

"백화점이 붕괴하여 수많은 사상자가 났다니 이는 세상이 경천동지할 일이다."

고성낙일 (孤城落日)

남의 도움이 없이 고립되어 세력이 다하고 있는 매우 외로운 상태를 뜻하는 말.

"김 의관은 고성낙일의 정우회를 사수하고 있는 것은 자기뿐이라고 큰소리를 치고 있다."

고장난명 (孤掌難鳴)

혼자서는 일을 이루기가 어려운 것을 비유적으로 이르는 말.

"이번 프로젝트를 추진하는데 동의하는 사람이 없으니 실로 고장난명이다."

공언무시 (空言無施)

빈말만 하고 실천이 따르지 않음.

"아버지는 담배를 끊는다고 말씀하시지만 매번 공언무시만 하시니 답답하다."

공중누각 (空中樓閣)

근거 또는 토대가 없는 생각이나 사물을 이르는 말.

"그녀는 현실에서 벗어난 이론과 문학은 공중누각에 불과할 뿐이라고 생각하였다."

관인대도 (寬仁大度)

마음이 너그럽고 어질며 도량이 큼.

"관인대도한 사람은 많은 사람의 존경과 추앙을 받는다. 하지만 일부 비열한 사람들은 관인대도한 사람을 속이기 좋은 사람으로 인식한다."

공평무사 (公平無私)

공평하여 사사로움이 없음.

"그 교수님은 공평무사한 성품으로 자신과 친분이 있는 학생이라고 하여 근거 없이 더 좋은 점수를 주진 않는다."

구절양장 (九折羊腸)

양의 창자처럼 이리저리 꼬부라지고 험한 산길.

248

"깊은 산속의 그 길은 그야말로 구절양장이었다."

구화투신 (救火投薪)

불을 끄려고 섶나무를 집어 던진다는 뜻으로, 잘못된 일의 근본을 다스리지 않고 성급하게 행동하다가 도리어 그 해를 더 크게 함을 이르는 말.

"조금 아는 것은 위험하다. 어줍잖은 지식으로 구화투신하지 않도록 스스로를 경계해야 한다."

궁서설묘 (窮鼠囓猫)

위급한 상황에 몰리면 약자라도 강자에게 필사적으로 반항함을 이르는 말.

"잘못한 사람을 추궁하거나 너무 막다른 골목까지 몰면 안 된다. '궁서설묘'라고, 너무 궁지에 몰리면 크게 반발하여 엉뚱한 일을 저지를 수가 있기 때문이다."

극기복례 (克己復禮)

자기를 극복해 예로 돌아가는 것.

"체벌을 대신해서 쓰고 있는 대안들이 교육적 방법이 되기 위해서는 무엇보다 학생들이 스스로 극기복례할 수 있어야 한다."

근묵자흑 (近墨者黑)

나쁜 사람과 가까이 하면 나쁜 버릇에 물들게 됨을 이르는 말.

"어머니는 어렸을 적부터 근묵자흑이라며 좋은 친구들과 사귀어야 한다고 말씀하셨다."

금과옥조 (金科玉條)

금이나 옥처럼 귀중히 여겨 아끼고 받들어야 할 규범.

"나는 모든 일에 최선을 다하라는 아버님의 말을 금과옥조로 삼고 살아가고 있다."

기고만장 (氣高萬丈)

우쭐하여 뽐내는 기세가 대단함.

"그는 어쩌다 한 번 이긴 것으로 기고만장한 그들의 태도가 여간 아니꼽지 않았다."

기산지절 (箕山之節)

굳은 절개를 이르는 말.

"선거 때만 되면 이당 저당을 기웃거리는 정치인들은 '기산지절'이라고는 눈곱만큼도 찾아볼 수 없는 철새 정치인들이야!"

난공불락 (難攻不落)

공격하기가 어려워 좀처럼 함락되지 않음.

"군사 시설은 모두가 지하로 들어가 있는데 그 견고성이란 이루 말할 수가 없어서 문자 그대로 난공불락의 요새라고 한다."

남귤북지 (南橘北枳)

사람은 사는 곳의 환경에 따라 착하게도 되고 악하게도 됨을 비유적으로 이르는 말.

"사람은 남귤북지하지 않는 마음이 중요하다. 악한 마음과 선한마음이 공존하지만, 늘 따뜻한 마음을 품고 살아가야한다."

노마십가 (駑馬十駕)

재주가 없는 사람도 열심히 하면 훌륭한 사람에 미칠 수 있음을 비유적으로 이르는 말.

"공부는 반드시 머리가 좋아야 잘하는 것은 아니다. 머리가 나쁜 사람도 '노마십가'의 노력을 하면 머리 좋은 사람을 앞설 수가 있다."

노심초사 (勞心焦思)

마음속으로 애를 쓰며 속을 태움.

"여기서 노심초사하지 말고 직접 선생님께 찾아가 사실을 말씀드리는 것이 좋을 듯 해."

녹양방초 (綠楊芳草)

푸른 버들과 향기로운 풀을 아울러 이르는 말.

"녹양방초 흐드러진 자연 속에 너의 몸을 한번 맡겨봐!"

눌언민행 (訥言敏行)

말은 더듬거리며 느리게 하여도 실제의 행동은 능란하고 재빠른 것. 세상의 많은 분쟁은 말이 행동으로 이어지지 않기 때문에 일어난다. 공자는 말의 속도를 조절하여 허풍쟁이가 되는 것을 피하고자 했다.

"우리 공직자들은 눌언민행의 자세로 일을 해야 합니다. 이것이 공직자의 실천

윤리입니다."

다사다난 (多事多難)

여러 가지로 일이나 어려움이 많음.

"다사다난이라는 말이 잘 어울릴 만큼 지난해에는 사건과 사고가 많았다."

단사표음 (簞食瓢飮)

청빈하고 소박한 생활을 비유적으로 이르는 말.

"그는 호화로운 생활을 누릴 수 있음에도 자신의 신념인 단사표음의 생활을 실천하며 살기를 원했다."

담대심소 (膽大心小)

담력은 크게 가지되 주의는 세심해야 한다는 말.

"큰 경기를 앞두고 우리 선수들은 담대심소의 마음가짐이 필요하다."

당랑거철 (螳螂拒轍)

자기 분수도 모르고 무모하게 덤빔을 비유적으로 이르는 말.

"공권력 앞에서 개인은 당랑거철이다."

대분망천 (戴盆望天)

한 번에 두 가지 일을 할 수 없음을 비유적으로 이르는 말.

"부장님! 지금 하고 있는 업무를 빨리 끝내야 하는데 또 업무를 주시면 대분망천하기에 먼저 일을 끝내고 진행하겠습니다."

대우탄금 (對牛彈琴)

어리석은 자에게는 도리를 가르쳐 주어도 깨닫지 못함.

"너같이 남의 말을 듣지 않고 자기주장만 앞세우며 자기 고집대로 하는 사람에게 충고를 하는 것은 대우탄금과 다름이 없다."

독야청청 (獨也靑靑)

절개를 버린 상황 속에서 홀로 절개를 굳세게 지키고 있음을 뜻하는 말.

"그는 모두 숨죽여 살던 암울한 시대에도 자신의 의지를 굳게 지킨 독야청청했던 사람이다."

동가홍상 (同價紅裳)

값이 같거나 똑같은 노력을 들인다면 기왕이면 더 좋은 것을 가짐을 비유적으로 이르는 말.

"동가홍상이라고 했습니다. 같은 값이면 저는 거실이 넓은 집을 계약하는 것이 좋을 것 같습니다."

동명이인 (同名異人)

같은 이름을 가진 다른 사람.

"알고 보니 그는 내가 알고 있던 사람과 동명이인이었다."

동문서답 (東問西答)

질문과는 전혀 상관없는 엉뚱한 대답.

"동문서답도 유분수지, 너 지금 도대체 무슨 말을 하는 거냐?"

동선하로 (冬扇夏爐)

때에 맞지 않아 쓸데없는 사물을 비유적으로 이르는 말.

"선물을 고르는 일은 참으로 어려운 일이야. 만약 친구가 좋아하지 않거나 그다지 필요치 않은 선물을 할 경우 잘못하면 '동선하로'가 되어 버릴 수 있어!"

동주상구 (同舟相救)

같은 운명이나 처지에 놓이면 아는 사람이나 모르는 사람이나 서로 돕게 됨.

"그 친구는 나와 동주상구이니, 그냥 지나칠 수가 없네. 내가 발 벗고 나설 수밖에 없지 않는가."

두문불출 (杜門不出)

외출을 전혀 하지 않고 집안에만 틀어박혀 있음.

"아버지는 문을 굳게 닫고 사람들과의 접촉을 끊은 채 두문불출이시다."

등고자비 (登高自卑)

모든 일은 순서대로 하여야 함을 이르는 말.

"무슨 일이든지 기초부터 차근차근 '등고자비'하는 식으로 하는 것이 가장 빠른 방법이다."

막무가내 (莫無可奈)

한번 굳게 고집하면 도무지 융통성이 없음.

"동료들은 그에게 일이 성사될 것 같지 않으니 그만두자고 제언했으나 그는 막무가내였다."

망양보뢰 (亡羊補牢)

어떤 일이 이미 실패한 뒤에는 뉘우쳐 보아야 소용이 없음을 이르는 말.

"망양보뢰라는 말이 있지만, 실패의 원인을 찾아 철저히 대비한다면 다음에는 반드시 성공할 수 있을 것이다."

망양지탄 (亡羊之歎)

달아난 양(羊)을 찾다가 여러 갈래 길에 이르러 길을 잃었다는 뜻으로, 학문의 길이 여러 갈래이어서 진리를 찾기가 어려움을 비유적으로 이르는 말.

"눈에 보이지 않는 더 큰 세상이 있을지 모르니, '망양지탄'을 떠올리면서 지금 보이는 것만이 진리라고 믿는 마음을 주의해야 한다."

면종복배 (面從腹背)

겉으로는 복종하는 체하면서 마음속으로는 배반함.

"덕으로써 사람을 따르게 하지 않고, 힘으로써 사람을 따르게 하면 자연히 '면종복배'하는 자가 생기게 마련이다."

맹귀우목 (盲龜遇木)

어려운 형편에 우연히 행운을 얻게 됨을 이르는 말.

"이렇게 어려운 상황 속에서도 나에게 '맹귀우목'과 같은 일이 생기다니 너무 기쁘고 감사하다."

목불인견 (目不忍見)

눈으로 차마 볼 수 없음.

"술을 마실 거면 적당히 마실 것이지, 어제 취한 너의 모습은 정말 '목불인견'이었어."

묘두현령 (猫頭縣鈴)

실행하지 못할 것을 헛되이 논의함을 이르는 말.

"정치권이 국민으로부터 신뢰를 얻지 못하는 것은 묘두현령 같은 모습을 많이 보여줬기 때문입니다."

반면지분 (半面之分)

얼굴만 약간 아는 정도로 친분이 두텁지 못한 사이.

"그와는 반면지분이 있을 뿐이지 어려운 부탁을 할 사이는 아니다."

반문농부 (班門弄斧)

큰 재주가 있는 사람 앞에서 작은 재주를 뽐내는 것을 비유하는 말.

"과거에 어떤 분야의 전문가 앞에서 아는 척을 해 가며 '반문농부'를 한 적이 있었는데, 그때를 생각하면 부끄러움에 얼굴이 다 화끈거린다."

반신반의 (半信半疑)

한편으로는 믿으면서도 다른 한편으로는 의심스러워함.

"그 사람 살아온 이야기가 너무 과장된 듯해서 처음엔 '반신반의'했지요."

발분망식 (發憤忘食)

어떤 일을 해 내려고 끼니까지 잊을 정도로 열중하여 노력함.

"이번 정호의 승진은 회사 일에 발분망식의 노력을 기울여 왔던 대가이다."

백락일고 (伯樂一顧)

재능 있는 사람이 그 재능을 알아주는 사람을 만나 인정을 받는 것을 비유하는 말.

"대부분의 직장인들이 조직 내에서 승진하기 위해서는 반드시 상사의 '백락일고'가 필요하다."

백척간두 (百尺竿頭)

더할 수 없이 어렵고 위태로운 지경을 이르는 말.

"지금은 국가의 운명이 백척간두에 선 절박한 시기라는 것을 잊지 마라."

부국강병 (富國强兵)

나라를 부유하게 하고 군대를 강하게 하는 일.

"정치의 근본 목표는 부국강병이다."

분골쇄신 (粉骨碎身)

자기 몸을 돌보지 않고 지극한 정성으로 있는 힘을 다한다는 말.

"그 일을 저에게 맡겨만 주신다면 분골쇄신으로 성실히 임하겠습니다."

불치하문 (不恥下問)

지위나 나이, 학식 따위가 자기보다 못한 사람에게 묻는 것을 부끄러워하지 않음.

"그는 자존심이 아주 강한 사람이었지만 모르는 것이 있을 때에는 불치하문할 줄 아는 사람이었다."

복차지계 (覆車之戒)

앞사람의 실패를 거울삼아 뒷사람은 실패하지 말라는 훈계의 말.

"최악의 지도자를 겪어본 우리 국민은 '복차지계'의 지혜를 발휘해 국민을 위해 희생하는 새 지도자를 뽑는데 힘을 모아야 할 것이다."

사가망처 (徙家忘妻)

무엇을 잘 잊음을 비유적으로 이르는 말.

"자네는 너무 '사가망처'해서 업무를 맡기기가 두렵네."

사기충천 (士機衝天)

사기가 하늘을 찌를 듯이 높음.

"응원함성에 힘입어 월드컵 본선에 출전한 선수들은 경기에 앞서 '사기충천'하였다."

사고무친 (四顧無親)

주위에 의지할 만한 사람이 전혀 없음.

"사고무친인 신랑과 신부를 위해 마을 사람들은 조촐하게 성례를 시켜 주었다."

사상누각 (沙上樓閣)

기초가 튼튼하지 못하여 오래가지 못할 일이나 사물을 비유적으로 이르는 말.

"시민 단체가 시민들의 삶의 현장과 떨어져 있거나, 왜곡된 시각을 가지고 있거나, 이상론적일 때는 그 존재는 '사상누각'에 불과하다."

사필귀정 (事必歸正)

모든 일은 반드시 바른길로 돌아가게 마련임.

"지금은 우리가 어려운 상황에 처해 있지만 이 모든 일은 '사필귀정'할 것이니 조금만 참고 노력해 보자."

산해진미 (山海珍味)

산과 바다의 온갖 진귀한 산물을 다 갖추어 차린, 매우 맛이 좋은 음식.

"나는 친구들에게 이번 여행에서 세계 각국의 '산해진미'를 만끽했다고 자랑했다."

상부상조 (相扶相助)

서로서로 도움.

"도덕적 차원이나 윤리적인 차원을 떠나서라도 이웃과 친구와의 협동과 상부상조의 정신은 반드시 있어야 한다."

서리지탄 (黍離之歎)

세상의 영고성쇠가 무상함을 탄식하여 이르는 말.

"오랜만에 고향을 찾았는데, 여기저기 잡초만 무성한 빈집을 보면서 '서리지

탄'이 절로 나오지 않을 수가 없었다."

서시빈목 (西施矉目)

무조건 남의 흉내를 내어 웃음거리가 된다는 말.

"정민아! 서시빈목하지 말고 너의 특징과 장점을 잘 살려서 너를 잘 표현하길 바랄게."

세답족백 (洗踏足白)

남을 위하여 한 일이 자기에게도 이득이 되는 경우를 비유적으로 이르는 말.

"아무런 대가를 바라지 않고 봉사를 했는데 이런 세답족백의 결과가 있다니 집으로 가는 나의 발걸음은 가볍기만 하다."

송구영신 (送舊迎新)

묵은해를 보내고 새해를 맞음.

"모든 가족들이 송구영신을 축하하기 위해서 한자리에 모였다."

송무백열 (松茂柏悅)

벗이 잘되는 것을 기뻐함을 비유적으로 이르는 말.

"자네가 회사에서 승진도 하고 아들이 곧 결혼까지 한다니 나는 '송무백열'할 뿐이네."

수구여병 (守口如瓶)

비밀을 잘 지켜서 남에게 알리지 않음을 이르는 말.

"친구와의 비밀은 어떠한 일이 있어도 '수구여병'하는 것을 명심해야 좋은 관계를 유지할 수 있어."

수불석권 (手不釋卷)

손에서 책을 놓지 않는다는 뜻으로, 늘 글을 읽음을 이르는 말.

"아래층에 사는 사람과 대화를 할 때마다 그의 박식함에 감탄을 금할 수가 없다. 그는 출퇴근 시간은 물론 잠시의 틈만 나도 '수불석권'한다."

수수방관 (袖手傍觀)

나서야 할 일에 간여하지 않고 그대로 내버려둠을 이르는 말.

"정부 관련 부처들은 치솟는 집값에 부동산대책을 마련하지 못하고 수수방관만 하고 있었다."

수어지교 (水魚之交)

서로 떨어질 수 없는 매우 친밀한 사이를 비유적으로 이르는 말.

"이 세상을 살아가면서 '수어지교'와 같은 친구나 동료가 있는 사람은 아주 큰 복을 받은 사람이다."

숙맥불변 (菽麥不辨)

콩인지 보리인지 분간하지 못한다는 뜻으로, 어리석은 사람을 이르는 말.

"이놈아! '불변숙맥'도 유분수지, 금하고 구리를 구별하지 못해 구리 반지를 금반지로 속아서 사다니!"

십시일반 (十匙一飯)

여럿이 힘을 합하면 한 사람쯤은 도와주기 쉽다는 것을 비유적으로 이르는 말.

"십시일반으로 모은 성금은 불우이웃을 돕는 데에 큰 기여를 할 수 있다."

양호유환 (養虎遺患)

화근을 길러서 스스로 걱정거리를 산다는 것을 이르는 말.

"그를 그냥 이대로 돌려보내신다면, 결국 양호유환이 될 것입니다."

어변성룡 (魚變成龍)

아주 곤궁하던 사람이 부귀하게 됨을 이르는 말.

"예전에 그는 엄청나게 힘들고 어렵게 살았는데, 어느 날 어변성룡이 되어 고향에 나타났다."

어불성설 (語不成說)

이치에 맞지 않아 말이 도무지 되지 않음.

"그는 자신의 경험을 맹신하며 강력하게 주장을 펼치지만, 막상 따지고 보면 어불성설인 경우가 많다."

언어유희 (言語遊戲)

미사여구나 현학적인 말로 상대를 현혹하는 일.

"역설과 풍자가 녹아 있는 정신성은 무엇보다도 언어유희를 통한 간접화를 통해 실현된다고 할 수 있다."

언어도단 (言語道斷)

말할 길이 끊어졌다는 뜻으로, 어이가 없어서 말하려 해도 말할 수 없음을 이르는 말.

"그렇게 게으른 사람이 재벌이 되었다니 언어도단이 아닐 수 없다."

언중유골 (言中有骨)

예사로운 말 속에 깊은 속뜻이 숨어 있음을 비유적으로 이르는 말.

"너 그게 무슨 소리냐. 언중유골이라더니, 그냥 내지른 말은 아닌 듯싶구나."

연안대비 (燕雁代飛)

사람의 일이 서로 어긋남을 이르는 말.

"너와 나는 서로 만날 수 없는 연안대비와 같은 운명이야!"

염념불망 (念念不忘)

자꾸 생각이 나서 잊지 못함.

"지금도 사기대출로 인한 피해를 생각하면 잠을 못 이룬다. 하루빨리 염념불망에서 벗어나고 싶은 마음뿐이다."

오비이락 (烏飛梨落)

의심을 받거나 난처한 위치에 서게 됨을 뜻하는 말.

"그는 기업의 사장직을 그만두면서 국세청의 고위 인사로 가게 되었는데 많은 사람들에게는 오비이락으로 비쳐졌다."

오우천월 (吳牛喘月)

겁이 많아 공연한 일에 미리 두려워하며 허둥거리는 사람을 놀림조로 이르는 말.

"어렸을 때 철봉을 하다가 떨어져 얼굴을 다친 다음부터 철봉 근처에만 가도 '오우천월'하게 되어 철봉을 하지 못한다."

옥석구분 (玉石俱焚)

옳은 사람이나 그른 사람의 구별 없이 함께 멸망함을 비유적으로 이르는 말.

"경찰이 건수 위주의 정책을 펴면, 모두들 할당량을 채우고 실적을 올리기 위해 무작정 단속을 할 것이고, 그러다 보면 시민들은 '옥석구분'이 된다고 불평할 것이다."

왜자간희 (矮者看戲)

자신은 아무것도 모르면서 남이 그렇다고 하니까 자기도 덩달아 그렇다고 하는 일.

"외국인들과 함께 놀다가 한 사람이 우스운 이야기를 하면 자연스럽게 웃을 수 있지만 잘 못 알아듣는 이야기에는 '왜자간희'를 하는 수밖에 없다."

요령부득 (要領不得)

말이나 글의 중심이 되는 의미나 줄거리를 잡을 수가 없음.

"난해한 철학서는 아무리 읽어도 요령부득이다."

요지부동 (搖之不動)

어떠한 자극에도 움직이지 않거나 태도의 변화가 없음을 이르는 말.

"그녀는 한번 결정을 내리면 주위의 어떤 말과 충고에도 요지부동이다."

우도할계 (牛刀割鷄)

작은 일을 하는 데 지나치게 과장하거나 서두름을 비유적으로 이르는 말.

"작은 일을 하는 데 이렇게나 많은 사람을 동원하다니 우도할계가 따로 없다."

유구무언 (有口無言)

입은 있으나 할 말이 없다는 뜻으로, 변명할 말이 없음을 이르는 말.

"나는 그의 잘못을 조목조목 따져 물었으나 그는 유구무언일 따름이었다."

유유상종 (類類相從)

같은 무리끼리 서로 사귐.

"유유상종이라더니 너희는 고만고만한 녀석들끼리 맨날 붙어 다니는구나."

유일무이 (唯一無二)

오직 하나만 있고 둘은 없음.

"이 중에서 의사소통될 수 있는 사람은 유일무이하게 김 대리 밖에는 없는 것 같다."

은인자중 (隱忍自重)

밖으로 드러내지 않고 속으로 참고 견디며 몸가짐을 신중히 함.

"김 과장은 아직 자신의 때가 이르지 않았다고 생각해 은인자중하며 다음 기회를 기다렸다."

이구동성 (異口同聲)

여러 사람의 말이 한결같음을 이르는 말.

"아이들은 이구동성으로 나에게 재미있는 이야기를 해 달라고 졸랐다."

이열치열 (以熱治熱)

힘에는 힘으로 추위에는 찬 것으로 대응하는 것 따위를 비유하기도 한다.

"삼복더위에 뜨거운 삼계탕이나 개장국을 먹는 것은 바로 이열치열의 원리이다."

인자무적 (仁者無敵)

어진 사람은 모든 사람을 사랑하므로 천하에 적으로 대하는 사람이 없음.

"언제나 어머니께서는 나에게 인자무적의 삶을 살기를 원하셨다. 그것이 지금은 삶의 좌우명이 되어 버렸다."

일거양득 (一擧兩得)

한 가지 일로 두 가지 이익을 얻음.

"지루한 한자 학습에 고사성어집을 활용하면 재미와 유익함을 두루 가질 수 있는 일거양득의 효과를 볼 수 있다."

일도양단 (一刀兩斷)

어떤 일을 머뭇거리지 아니하고 선뜻 결정함을 이르는 말.

"신 작가는 평소 생각이 많고 신중하지만, 일단 자기 신념에 맞는 것이라면, 일도양단으로 일을 처리한다."

266

일사천리 (一瀉千里)

어떤 일이 거침없이 단번에 진행됨을 이르는 말.

"이번일이 성공하기 위해서는 중간에 막힘없이 일사천리로 모든 과정이 진행되어야만 한다."

일어탁수 (一魚濁水)

한 사람의 잘못으로 여러 사람이 그 피해를 입게 됨.

"너의 잘못으로 인해 우리 부서 직원들이 징계를 당하게 생겼으니 일어탁수가 되어버린 꼴이네."

일진일퇴 (一進一退)

한 번 나아갔다 한 번 물러섰다 함.

"양 팀이 일진일퇴 공방전을 벌이는 경기는 모든 이의 손에 땀을 쥐게 하였다."

일취월장 (日就月將)

날로 달로 발전하거나 성장함.

"날로 일취월장하는 너의 실력을 보니 스승인 내가 더욱 기쁘구나."

일파만파 (一波萬波)

한 사건이 그것으로 그치지 않고 잇달아 많은 사건으로 번지는 일을 이르는 말.

"짐작한대로 자네에 대한 추문이 일파만파로 퍼지고 있어."

임기응변 (臨機應變)

그때그때 처한 형편에 따라 알맞게 일을 처리함.

"머리가 밝고 맑아서 일을 판단하는 데 비뚤어지지 않았고, 임기응변하는 수단이 민첩하니, 친구들은 그의 높은 식견과 넓은 궁량에 의뢰하는 바가 많았다."

자강불식 (自强不息)

스스로 힘써 몸과 마음을 가다듬고 쉬지 않음.

"우리나라 국화인 무궁화는 피고 지고 또 피는 줄기차고 억센 자강불식의 기상을 가지고 있다."

자승자박 (自繩自縛)

자신이 한 말과 행동으로 말미암아 자신이 구속되어 괴로움을 당하게 됨을 이르는 말.

"행하지 않고 목표만 떠들고 다니는 사람은 결국, 허세로 인해 자승자박의 결과를 맞이하게 된다."

적반하장 (賊反荷杖)

잘못한 사람이 아무 잘못이 없는 사람을 도리어 나무람을 이르는 말.

"사고를 낸 사람이 피해자에게 큰소리를 치다니, 정말 적반하장도 유분수다."

전인미답 (前人未踏)

어떤 일 또는 수준에 아무도 손대거나 다다라 본 적이 없음을 비유적으로 이르는 말.

"그는 인터넷 소프트웨어 분야에서 전인미답의 경지를 개척하였다."

전전반측 (輾轉反側)

누워서 몸을 이리저리 뒤척이며 잠을 이루지 못함.

"나는 친구가 세상을 떠난 뒤로 이 생각 저 생각에 전전반측하며 잠을 못 이루는 날이 많았다."

절차탁마 (切磋琢磨)

학문이나 도덕, 기예 등을 열심히 배우고 익혀 수련함을 비유적으로 이르는 말.

"나는 작심삼일이 되지 않도록 절차탁마하여 실력을 키워 우승할 것이다."

점입가경 (漸入佳境)

갈수록 점점 더 좋거나 재미가 있음.

"그들 사이의 경쟁이 점입가경으로 치닫자 모든 사람들이 주목했다."

정문금추 (頂門金椎)

정신을 바짝 차리도록 깨우침을 비유적으로 이르는 말.

"과거의 잘못된 일들을 빨리 잊어버리고 '정문금추'하여 새로운 삶을 살도록 노력하자."

조불려석 (朝不慮夕)

당장을 걱정할 뿐 앞일을 생각할 겨를이 없음을 이르는 말.

"삶의 여유를 잃으면 조불려석으로 살 수밖에 없지 않은가."

조삼모사 (朝三暮四)

자기의 이익을 위해 교활한 꾀를 써서 남을 속이고 놀리는 것을 이르는 말.

"수많은 소비자가 OO기업의 '조삼모사'의 판매술에 놀아났다."

조족지혈 (鳥足之血)

새발의 피라는 뜻으로, 아주 적은 분량을 비유적으로 이르는 말.

"일본의 경제보복으로 한국의 피해는 일본의 피해에 비하면 조족지혈에 불과했다."

좌지우지 (左之右之)

이리저리 제 마음대로 다루거나 휘두름.

"그는 막강한 권력을 휘두르며 국정을 좌지우지하였다."

주마간산 (走馬看山)

사물을 자세히 살펴보지 않고 겉만을 바삐 대충 보는 것을 비유적으로 이르는 말.

"박물관을 구경하려면 약 두 시간 정도가 걸리나 대부분의 관광객은 주마간산으로 지나친다."

중구삭금 (衆口鑠金)

여러 사람이 마음을 하나로 합쳐 단결하면 못할 일이 없다는 것을 비유하는 말이다.

"우리는 IMF 외환위기의 경험이 있지 않은가. 중구삭금의 마음으로 어려운 시기를 잘 헤쳐 나갈 것이라 생각하네."

중과부적 (衆寡不敵)

적은 수로는 많은 수에 맞서지 못함.

"나는 토론하는 데 있어 이렇게 많은 사람들과 말씨름을 한다는 것이 중과부적
임을 깨달았다."

중언부언 (重言復言)

이미 한 말을 자꾸 되풀이함.

"고집쟁이들과 논쟁을 하면, 같은 논지의 말을 계속 중언부언해서 피곤하기만
하다."

처성자옥 (妻城子獄)

아내와 자식이 있는 사람은 그들에게 얽매여 다른 일을 자유롭게 할 수 없음을
이르는 말.

"그 친구와 약속은 처성자옥 때문에 일정을 잡기가 매우 힘드니 우리끼리 식사
하자."

천세일시 (千歲一時)

좀처럼 만나기 어려운 좋은 기회를 이르는 말.

"어렵고 힘들게 회사를 운영하는데 이렇게 천세일시를 만나니 다시 일어날 수
있는 좋은 기회일거야."

천의무봉 (天衣無縫)

선녀(仙女)의 옷에는 바느질한 자리가 없다는 뜻으로, 필요한 것이 모두 갖추어져 부족한 것이나 흠이 없음을 이르는 말.

"아무리 뛰어난 작가의 책이라도 약간의 오탈자나 오류는 발견되게 마련이다. 천의무봉한 책은 이 세상에 존재하기 어렵다."

천인공노 (天人共怒)

누구나 분노를 참을 수 없을 만큼 증오스럽거나 도저히 용납될 수 없음을 이르는 말.

"사기를 치고도 그 죄를 다른 사람에게 뒤집어 씌우다니, 천인공노할 노릇이다."

천양지차 (天壤之差)

하늘과 땅 사이와 같은 엄청난 차이.

"두 작품 모두 자서전적 성격을 띠고 있지만 그 내용은 천양지차이다."

천편일률 (千篇一律)

여러 사물이 개성이 없이 모두 비슷비슷함을 비유적으로 이르는 말.

"아이들의 논술 답안은 독창적인 논리의 전개가 없이 모두 모범 답안을 베낀 듯이 천편일률이었다."

초미지급 (焦眉之急)

눈썹에 불이 붙었다는 뜻으로, 매우 위급함을 이르는 말.

"지금 세계경제위기로 나라의 운명이 '초미지급'의 상황에 처해 있는데, 국회의원이 해외여행을 계획하고 있을 때인가?"

추풍낙엽 (秋風落葉)

어떤 형세나 세력이 갑자기 기울어지거나 흩어지는 모양을 비유적으로 이르는 말.

"최근의 고위 공무원에 대한 사정 작업으로 거물급 인사들이 추풍낙엽의 신세로 전락했다."

침소봉대 (針小棒大)

작은 일을 크게 부풀려서 말함을 비유적으로 이르는 말.

"너무 사건을 침소봉대해서 발표하는 것 아닙니까?"

토사구팽 (兎死狗烹)

필요할 때는 쓰고 필요 없을 때는 버리는 경우를 이르는 말.

"예전에 여당의 어떤 노정치가가 자신의 신세를 토사구팽에 비유한 적이 있었지."

풍전등화 (風前燈火)

매우 위태로운 처지나 오래 견디지 못할 상태를 비유적으로 이르는 말.

"유통 시장 개방을 앞두고 국내 유통업계가 풍전등화의 위기에 놓이게 되었다는 우려가 높다."

평지돌출 (平地突出)

변변치 않은 집안에서 태어나 제 혼자의 힘으로 출세함을 비유적으로 이르는 말.

"평지돌출 격으로 그렇게 인재가 튀어 나올 수 있는 거야?"

풍월주인 (風月主人)

맑은 바람과 밝은 달 따위의 아름다운 자연을 즐기는 사람.

"자네도 이 멋진 계곡에서 풍월주인이 된 즐거움을 누려보겠는가?"

허장성세 (虛張聲勢)

실력이나 실속은 없으면서 허세만 부림.

"겉으로는 꽤나 성공한 사람처럼 보이지만, 사실 허장성세에 불과하다."

혈혈단신 (孑孑單身)

의지할 곳 없이 외로운 홀몸.

"그녀는 일가친척이라고는 하나도 없는 혈혈단신이다."

호구지책 (糊口之策)

죽지 아니하고 간신히 살아갈 만큼의 방법을 이르는 말이다.

"그는 사업을 하던 사람이었지만 지금은 대리운전으로 호구지책을 삼는 처지가 되었다."

화사첨족 (畵蛇添足)

쓸데없는 군짓을 하여 도리어 잘못되게 함을 이르는 말.

"자네 그 말은 화룡점정이 아니라 화사첨족이라고, 왜 쓸데없는 일을 하는가?"

후회막급 (後悔莫及)

이미 잘못된 것을 뒤늦게 뉘우쳐도 다시 어찌할 수가 없음.

"부모님이 돌아가신 다음에야 뒤늦게 부모님의 마음을 알아차렸지만 그때는 후회막급일 뿐이었다."

행운유수 (行雲流水)

떠가는 구름과 흐르는 물을 아울러 이르는 말.

"나는 마음의 무거운 짐들을 내려놓고 행운유수처럼 떠돌아다니고 싶다."

10대라면 반드시 알아야 할 사자성어

사자성어를 알면 어휘가 보인다

초판 3쇄 펴낸날 | 2023년 9월 15일

지은이 | 신성권
펴낸이 | 이종근
공급처 | 도서출판 하늘아래

주소 | 경기도 고양시 일산동구 하늘마을로 57-9 3층 302호
전화 | 031-976-3531
팩스 | 031-976-3531
이메일 | haneulbook@naver.com

등록번호 | 제 300-2006-23호

ISBN 979-11-5997-081-8 43190